KB138561

나는 옳고
너는
틀렸다

민주주의를 무너뜨리는
극단과 광기의 정치

나는 옳고
너는
틀렸다

유창선 지음

"모든 광신자는 똑같은 붕대로 눈을 가리고 있다."

● 볼테르Voltaire

우리는 어쩌다
이렇게 되었을까?

갈기갈기 찢긴 나라

요즘 우리가 사는 것이 힘들다. 코로나19 위기가 장기화되면서 많은 경제적 피해를 입고 정신적 피로가 심해진 탓만은 아니다. 우리는 1998년 IMF 외환위기 때도 국난 극복을 위해 금 모으기 운동까지 하면서 힘을 모으는 저력을 보여주었다. 아무리 어려운 상황이 닥쳐도 슬기롭게 시련을 이겨왔던 역사에 대한 자부심을 공유하고 있다.

박근혜 정부 시절이던 2016년 말의 겨울을 뜨겁게 만들었던 촛불의 의미도 그런 것이었다. 나라의 기본이 무너진 상황에서 "이것이 나라인가?"라는 질문을 던지며 대부분의 국민이 하나로 마음을 모았던 역사를 우리는 기억하고 있다. 나라를 다시 세우자며 촛불을 들었던 시민들의 승리 위에서 이제 새로운 역사가 쓰일 것이라는 기대가 우리 가슴에 충만했다. 제19대 대통령으로 취임한 문재인에 대한 지지율이 80퍼센트를 넘었던 현상은 그 기대가 얼마나 컸던지를 잘 말해주고 있다.

그로부터 4년의 시간이 지나가고 있다. 그러나 그 겨울 한마음이 되었던 우리는 다시 갈기갈기 찢기고 말았다. 조국에 대한, 윤미향에 대한, 추미애와 윤석열에 대한 정치적 견해가 다르다는 이유로 가족들끼리 언쟁하고 지인들과 불편해지며 SNS 친구들과 절연하게 되는 경험을 했다.

한 시절에는 같은 곳을 바라보는 동지라고 생각했건만, 어느 사이에 서로가 서로에게 실망하고 등을 돌리게 되었다. 나와 생각이 다르면 적폐라고 단죄하고, 의견이 다르면 토착왜구라고 낙인찍는 광경이 그러하다. 민주주의의 기본인 소통과 공론의 장은 사라진 지 오래이고, 서로가 극단적인 자기주장만 반복해서 외친다. 불통도 이런 불통이 없고, 난리도 이런 난리가 없다. '촛불 정부'를 자처했던 문재인 정부가 이제 곧 임기 마지막 해를 앞두고 있지만, 촛불로 하나가 되었던 우리는 이렇게 서로가 서로를 손가락질하며 반목하게 되었다.

물론 과거에도 격한 정치적 갈등이 끊이지 않았다. 그것은 독재의 흑역사를 넘어서서 민주주의를 실현하는 과정에 일어난 불가피한 진통이었다. 그래도 그 갈등의 역사가 촛불 승리라는 역사의 한 고비를 넘으면서 어느 정도는 개선될 것으로 기대했다. 정권만 쥐면 권력에 도취되는 정치사의 악순환에 종지부가 찍히기를 간절히 소망했다. 그것이 문재인 정부의 역사적 소명이었다.

그러나 갈등은 오히려 격화되었고, 그 갈등을 조정하고 해결하는 리더십은 작동하지 않았다. 우리는 과거보다 심하게 분열되었고, 극단의 시대에 갇혀버리고 말았다. 그러니 우리는 실망에서 체념으로, 다시 절망으로 끝없이 추락한다. 출구가 보이지 않는다. 무엇이, 어디서부터 잘못된 것일까? 우리는 어쩌다가 이렇게까지 되었을까? 이 책은 내가 품고 있는 그런 참담한 질문에서 시작된다.

극단의 열정과 지성주의의 몰락

이 책의 원고를 집필하고 나서 막스 베버Max Weber의 『소명으로서의 정치』를 다시 꺼내 읽었다. 막스 베버는 정치가가 가져야 할 소명 의식은 두 가지 도덕성, 즉 신념 윤리와 책임 윤리로 구성되어 있다고 말한다. 단지 열정을 갖는다는 것만으로는 정치가가 되기에 충분하지 않다는 것이 그의 생각이었다. 신념 윤리로 무장한 정치인과 지지자는 많지만, 책임 윤리를 겸비한 정치인은 찾기 어려운 한국 정치의 모습이 눈에 들어온다. 막스 베버는 다시 이렇게 말한다.

"열정적 정치가를 그저 '불모의 흥분 상태'에 있는 정치적 아마추어들과 구분하게 해주는 것은, 영혼에 대한 자기 통제력이 있느냐에 있다. 그리고 이는 오로지 거리감에 스스로 익숙해져야만 성취될 수 있다."

정치가에게서 '뜨거운 열정과 냉철한 균형적 판단의 공존'을 말하던 그의 주문은 2021년을 사는 우리에게도 여전히 유효하다. 우리는 자신과의 거리두기를 너무도 불편해하고 있지는 않은가? 극단으로 치닫는 열정만 넘치고, 균형을 견지할 합리와 이성이 설자리는 없는 것이 우리의 현실이다. 터무니없는 음모론의 주창자들이 대중의 열광적인 환호를 받는 이 시대의 광경은 지성주의의 몰락을 의미한다. 이제는 좋아지리라 기대했던 시대에, 오히려 극단과 분열의 상처가 깊어만 가고 있는 역사의 아이러니는 우리를 비통하게 만든다.

인생에서 오랜 시간을 한쪽 진영의 울타리 안에서 살았다. 젊었을 때는 질풍노도의 시대 속에서 진보적 이념을 믿으며 세상을 바꾸려는 '운동'에 함께하기도 했고, 시사평론가로 오랜 기간 활동하면서도 내가 속했던 진보 진영의 승리를 위해 말을 하고 글을 썼다. 이 책에서 많이 비판하는 더불어민주당(민주당)에 직접 몸담았던 시간도 있었다. 그런데 이제는 오랫동안 내가 속했던 진영의 논리와 모습을 비판하게 되었다. 나도 변했고, 그들도 변했다.

이명박·박근혜 정부 시절, 평생의 업이라고 생각했던 방송 활동에서 배제되었다. 정권을 비판할 사람이라는 이유였다. 목구멍이 포도청이라며 타협할 수 없었기에 9년의 시간을 변방을 떠돌면서 책을 읽고 쓰며 버텨냈다. 그들이 물러났으니 이제 세상이 달라졌다고 사람들은 말했다. 하지만 나는 진영의 일원이 아니라는 이유로 또다시 배제되었다. 과거의 시간에도 그랬듯이, 달라진 세상은 우리가 아닌 그 사람들의 것이었다.

달라진 것이 무엇인지 묻고 싶었다. 저쪽과 이쪽의 민낯을 모두 보게 된 나는 '세상의 선과 악은 복잡하게 뒤얽혀 있음'을, '세상에는 절대악도 절대선도 없음'을 알게 되었다. 하지만 똘똘 뭉친 진영의 사람들은 자신들만이 절대선임을 변함없이 굳게 믿고 있었다. 그러니 세상에 극단의 목소리가 차고 넘칠수록, 나는 처연한 회색인으로 남을 수밖에 없다.

최인훈의 『회색인』에 나오는 김학(독고준의 친구)은 갇혀 있는 현실을 인간의 의지에 의해, 즉 혁명에 의해 돌파할 것을 주장한다.

"혁명이 가능했던 시대라는 건 어디도 없었어. 그래서 혁명이 일어났던 거야. 이런 역설의 논리는 인간의 의지에 의해서만 뚫렸어. 그 의지의 발동을 망설이는 것을 나는 비겁이라고 부르는 수밖에 없어."

그러나 독고준은 새로운 혁명에 대해 회의적인 입장을 취하며 '사랑과 시간'을 선택한다.

"나는 진리를 믿고 싶지 않은 것이다. 천 사람, 만 사람에게 하나같이 꼭 들어맞는 그런 진리를 믿고 그 때문에 가슴을 태울 만한 순결은 이미 내 몫이 아닌 것이다. 어떻게 하다 이렇게 된 것일까? 내 나이에 어떻게 하다 이런 인간이 된 것일까? 이것은 시대가 나를 거세한 것일까?"

뜨거웠던 청춘 시절 주제넘게도 김학이 되고자 했다. 그러나 세월이 흐르고 나이도 먹을 만큼 먹은 지금, 나에게 혁명이냐 사랑이냐를 선택하라고 묻는다면 주저 없이 사랑이라고 대답할 것이다. 대부분의 혁명은 시간이 지나면 길을 잃고 왜 혁명을 했던 것인지를 망각한 채 변색되고 말았다. 이제 혁명은 나의 가슴을 태워주지 못한다. 끝까지 변하지 않고 한결같을 수 있는 것은 오직 사랑뿐이다. 어떤 이념도, 어떤 진리도 더는 신봉하지 않는 나는, 이제는 가슴을 태울 수 없는 회색인으로 남을 수밖에 없다.

광기로 뒤덮인 세상

나는 2년 전 뇌종양 수술을 받고 짧지 않은 동안 투병과 재활의 시간을 보내야 했다. 여러 후유증으로 인해 방송 활동은 은퇴했지만, 여러 매체에 글은 계속 써왔다. 죽을 고비를 넘긴 이후로 세상에서 한 발 뒤로 물러나 고즈넉하게 삶을 음미하며 살고자 했는데, 이렇게 세상사에 대해 많은 발언을 하게 되었다. 광기로 뒤덮인 세상의 한복판에 서고 싶지도 않지만, 그렇다고 외면할 수만도 없는 것이 세상인 듯하다.

이 책에는 문재인 정부의 집권 세력에 대한 비판이 많이 들어 있다. 문재인 정부는 그래도 '착한 권력'인데, 왜 야당을 비판하지 않느냐고 말하는 독자들이 있을지도 모르겠다. 현재의 권력을 비판한다는 것이 야당에 문제가 없다는 의미는 전혀 아닐 것이다. 다만 한국 정치의 과거에 대한 책임을 보수 야당에 물었다면, 적어도 오늘에 대한 책임은 현재의 집권 세력에 묻는 것이 균형 있는 태도라고 믿는다. 더구나 현재의 집권 세력은 대통령, 행정부, 국회, 지방자치단체, 지방의회 등에 이르기까지 절대적인 힘을 갖고 있는 권력이 아니던가. 그런 권력에 오늘의 현실에 대한 일차적 책임을 묻는 것은 당연한 일이다.

이 책은 단지 특정 권력에 대한 비판을 넘어서서 극단과 분열로 치닫는 우리 시대의 근본 문제가 무엇인지를 진단하려는 내용으로 채워졌다. 감정적인 비평이 되지 않고 합리적이고 논리적인 비평이 되도록 노력했음을 말씀드린다. 그동안 여러 매체에 연재했던 칼럼을 현재의 시점에 맞게 보완한 것도 있지만, 새롭게 쓴 글이 더 많다.

모자란 생각들이겠지만, 그래도 이 혼돈의 시대에 함께 생각할 것들을 말하고 싶었던 나의 진심이 독자들에게 온전히 전해질 수 있기를 바란다. 쉬운 분노보다는, 어려운 성찰의 시간을 갖도록 하는 책이 될 수 있기를 소망한다. 책을 읽고 공감하는 독자들이 주변에 이 책을 많이 권해주신다면 더할 나위 없이 고맙겠다.

2021년 2월

유창선

제3부 조국과 추미애의 늪에 빠지다

제4부 진영의 정치, 분열의 나라

제1부

문재인 시대의 극단과 광기

"진리는, 때로 없을 수도 있다."

★★★ 움베르토 에코 Umberto Eco

이분법적 세계관에 갇힌 사람들

'토착왜구'라는 낙인찍기

　무슨 일만 있으면 적폐 취급을 한다. 나와 의견이 다르면 인정하고 토론할 일인데, 다짜고짜 적폐라는 낙인부터 찍는다. 나와 생각이 다른 상대는 악마이고, 내가 속한 진영은 선한 천사다. 2021년 우리 시대의 광경이다. 추호의 의심이나 회의도 없이 선과 악을 가르는 날카로운 칼날이 우리가 사는 공동체를 두 동강 혹은 세 동강 내고 있다.

모든 인간은 다면적인 존재다. 선하기만 한 인간도, 악하기만 한 인간도 현실에서는 찾아보기 어렵다. 나라를 위해 헌신하는 영웅의 심연에도 개인의 욕망은 숨어 있고, 몹쓸 짓을 한 흉악범의 마음속에도 인간의 선한 연민은 남아 있다.

빅토르 위고Victor Hugo의 『파리의 노트르담』은 그렇게 다면적인 인격을 가진 인간들이 겪는 비극적 서사를 뛰어나게 묘사한 작품이다. 집시 여인 에스메랄다를 마음속으로 간절히 사랑하는 꼽추 카지모도, 경비대장 페뷔스를 짝사랑하는 에스메랄다, 신부의 본분을 망각한 채 에스메랄다에 대한 욕정에 사로잡혀 살인까지 한 프롤로 부주교는 모두 다면성을 가진 주인공이다. 페뷔스를 살해하고 에스메랄다에게 누명을 씌운 프롤로 부주교는 감옥에 갇힌 그녀를 찾아가 사랑을 고백하며, 주님이 인간과 악마를 똑같은 힘으로 만들어놓지 않은 잘못을 했다며 자신 안에 있는 악마에 대해 고백한다.

그렇듯 우리 안에는 정도의 차이가 있을 뿐, 천사와 악마가 공존한다. 언제나 선과 악은 경계선을 찾기 어려울 정도로 뒤얽혀 있다. 도로시 파커Dorothy Parker는 「나이를 먹으면」이라는 시에서 선과 악의 그러한 뒤얽힘을 이렇게 표현했다.

"그러나 이젠 나이가 들었다. 선과 악이 / 종잡을 수 없이 얽혀 있어 / 앉아서 나는 말한다. '세상이란 원래 그래. / 그냥 흘러가는 대로 두는 게 현명해. / 지기도 하고 이기기도 하는 거야. / 이기고

지는 게 별 차이가 없단다, 얘야.' / 무력증이 진행되어 나를 갉아 먹는다. / 그것이 바로 사람들이 철학이라 부르는 것."

시인의 그런 무력증이 우리를 갉아먹고 우리의 철학이 되도록 만드는 것. 그것은 4년 전 촛불을 들었던 국민들에게 죄를 짓는 일이었다. 그런데도 우리 시대의 풍경은 어떠한가? 무엇이 잘못되었는지에 대한 성찰의 태도는 찾아볼 수 없고, 오직 비판자들을 악마로 만들어버리는 선악 이분법이 횡행한다. 더구나 선악 이분법이 정치적 의도와 맞물릴 때 악마 만들기의 폭력은 기승을 부리게 된다. 자신들과 다른 생각을 가졌다는 이유로 상대방은 악마로 규정되고 돌팔매질을 당한다.

진보 진영 내에서 유행어가 된 토착왜구土着倭寇라는 용어는 그런 악마 만들기에 사용된 언어의 흉기였다. 자생적인 친일파라는 의미를 담은 이 말은 원래 일제강점기에 친일 부역자를 가리켜 토왜土倭라는 용어로 사용되었던 것인데, 역사학자 전우용에 의해 정치적 적대자들을 저격하는 용도로 사용되기 시작했다. 그래서 일본이나 친일파와는 아무런 관련도 없는 정치적 사안에 반대하는 사람들을 가리켜 별다른 의식 없이 토착왜구라는 말을 사용하는 사람이 너무도 많다.

2020년 4월 제21대 총선 당시 민주당의 위성정당인 더불어시민당 공동대표를 지낸 최배근은 "추미애 장관 교체를 입에 담는 이들이 바로 토착왜구 혹은 그들의 협력자"라고 주장했다. 추미애의 교체를 원했던 국민이 과반이 넘었다는 여론조사가 있었는데, 그렇다면 절반이 넘는 국민이 토착왜구의 추종자들이라는 말인가?

그런가 하면 『태백산맥』의 저자 소설가 조정래는 "토착왜구라고 부르는, 일본을 유학을 갔다오면 무조건 다 친일파가 되어버립니다"면서 "150만, 60만을 헤아리는 친일파를 전부 단죄해야 한다"고 주장하기도 했다. 정치적으로 반대되는 의견을 가진 사람들은 물론이고, 유니클로 매장에 드나드는 그저 평범한 사람들을 향해서도 토착왜구라는 낙인이 찍혔다.

물론 식민지 근대화론에 입각한 뉴라이트 역사관, 특히 자학적인 '반일 종족주의' 같은 역사관은 우리가 비판적으로 넘어서야겠지만, 정치적인 이유로 아무에게나 토착왜구의 낙인을 찍는 것은 이성적인 행동이 아니다. 그것은 과거 독재정권 시절 진보적인 인사들을 걸핏하면 빨갱이라고 낙인찍고 탄압했던 수법과 다를 바가 없다. 그러한 이념적 낙인찍기의 해악害惡을 뻔히 알 만한 사람들이 이제 거꾸로 토착왜구 낙인찍기의 선봉에 서는 것은 참담한 일이다.

지금 우리는 2021년을 살고 있다. 우리가 일제강점기를 사는 것도 아닌데, 자생적인 친일파가 있다면 얼마나 있겠는가? 과거사에 대한 일본의 책임 있는 태도를 요구하는 것은 우리의 여전한 숙제지만, 엉뚱하게도 추미애에게 사퇴하라고 했더니 토착왜구라고 하는 것은 의사 표현의 입을 막으려는 비열한 수법이다.

다른 것은 틀린 것이 아니다

나와 생각이 다르다고 해서, 내 말을 따르지 않는다고 해서, 다른 사람들을 악마로 만드는 일은 역사 속에서 무수히 있었다. 장 칼뱅Jean Calvin은 마르틴 루터Martin Luther와 함께 16세기 종교개혁의 중요한 지도자 가운데 한 사람이었다. 그러나 1541년 제네바의 초청을 받아들이면서 사실상 제네바를 통치하게 된 칼뱅은 자신에 대한 완벽한 복종을 요구한다. 칼뱅은 신정정치神政政治를 내걸고 폭력적으로 독재를 해나갔다. 그는 시민들에게 청교도적 생활을 요구하며 그들의 일상을 감시했고, 자신의 명령에 조금이라도 어긋나는 것이 있으면 엄하게 처벌했다.

무엇보다 칼뱅은 자신의 해석과는 다른 성서 해석을 용납하지 않았다. 칼뱅은 그것은 의견의 차이가 아니라, 이단이나 국가적인 범죄로 다스렸다. 그런 칼뱅에게 맞서다가 박해를 당한 사람이 세바스티앵 카스텔리옹Sébastien Castellion이다. 그는 종교적인 문제에 대해서는 사람마다 다른 의견을 가질 수 있다고 믿었고, 성서 또한 여러 가지 의미로 해석될 수밖에 없다고 생각했다. 칼뱅이 미카엘 세르베투스Michael Servetus를 이단으로 단죄하며 화형에 처하자, 카스텔리옹은 칼뱅을 비난하는 글을 발표한다.

"제네바 사람들이 세르베투스를 죽였을 때, 그들은 교리를 지킨 것이 아니라 한 인간을 희생시킨 것이다. 인간이 다른 사람을 불태워서 신앙을 고백할 수는 없다."

카스텔리옹은 의견의 차이를 이단이라고 처벌하는 것에 맞섰고, 이는 '양심의 자유' 문제라고 반박했다. 물론 현실에서 벌어진 싸움은 물리적 권력을 가진 칼뱅의 승리로 끝났다. 하지만 역사는 카스텔리옹을 '폭력에 대항한 양심'으로 기록하고 있다. 이 과정을 역사에서 꺼내어 기록한 슈테판 츠바이크Stefan Zweig는 이렇게 말한다.

"이단자가 무엇인가 하는 문제를 생각해보면, 나는 우리 의견과 일치하지 않는 생각을 가진 모든 사람들을 우리가 이단자라고 부른다는 사실을 발견하게 된다."

인간은 모두 다르다. 그래서 서로 다른 관점과 생각을 갖고 있다. 인간의 세계가 오직 하나의 척도에 의해서만 옳고 그름이 평가될 때 그 세계는 죽어버리고 만다. 진영 논리가 사회와 인간의 삶에 해악이 되는 이유도 그런 것이다. 진영 논리는 자기가 속한 진영의 이념과 주장에 대해 무조건적 지지를 보낸다. 반대로 다른 진영의 이념과 주장은 무조건적으로 배척하고 적대시한다. 이 단순한 선과 악의 이분법 사이에서 인간의 다양한 생각은 설 자리가 없게 된다. 인간의 창조적이고 다양한 사고는 받아들여지지 않으며, 그 앞에서 인간은 양자택일을 해야 하는 단순한 존재로 전락하고 만다.

우리는 언제나 선하다는 착각

문재인 정부가 들어선 이후로 선악 이분법이 더 기승을 부리는 이유는 무엇일까? 그것은 문재인 정부의 집권 세력이 갖고 있는 도덕적 우월의식에 기인한다. 586세대는 집권 세력의 명실상부한 중심 세력이다. 대통령 비서실장은 전대협 의장 출신인 임종석 전 의원과 민주화 운동 세대인 노영민 전 의원이 연이어 맡아 문재인 대통령을 보좌하며 청와대를 이끌었다(2021년 1월부터는 문재인 정부에서 초대 과학기술정보통신부 장관을 지낸 유영민이 대통령 비서실장을 맡고 있다).

여당인 민주당 원내대표는 우상호, 우원식, 홍영표, 이인영, 김태년 의원이 바통을 넘기며 이어갔다. 제21대 국회의원 당선자 가운데도 586세대는 절대다수를 차지해 민주당의 신주류로 부상하기에 이르렀다. 청와대와 여당이 함께하는 국정 운영의 방향과 전략은 이들 586세대에 의해 좌우된 것이 그간의 상황이었다.

이 586세대는 과거 민주화 운동을 이끌었던 세대다. 이들은 독재정권에 맞서 모진 탄압을 감수하면서 학생운동 혹은 민주화 운동을 이끌며 대의를 위해 헌신했다. 그 역사는 누가 뭐라 해도 숭고한 것이었고, 각자의 마음속에 훈장으로 간직할 만한 가치가 있는 것이었다. 문제는 그 훈장이 개인의 가슴속이 아니라 세상을 향한 공개된 곳에 달려 있었다는 점이다.

T. S. 엘리엇T. S. Eliot이 겸손은 미덕 중에서 가장 터득하기 힘든 덕목이라며 "자기 자신을 높이려는 욕망보다 더 없애기 힘든 것은 없다"라는 말을 남겼듯이, 586세대의 순수했던 자부심은 어느덧 오만과 독선으로 변질되기 시작했다. 이 시대에 흔히 볼 수 있는 '내로남불'의 모습 또한 그 같은 도덕적 우월의식에서 나온 것이다. 내로남불의 바탕에는 '우리는 그런 사람이 아니다'라는 선민의식이 자리하고 있다. 나 자신이든 혹은 같은 진영 내의 누군가의 문제가 드러나도, 그 잘못은 쉽게 이해되고 정당화된다.

평범한 부모들은 상상도 할 수 없는 표창장 위조나 허위 인턴 경력 같은 것도 '부모이기에 이해될 수 있는 일'이 된다. 보수 정권 시절에는 그토록 비난하고 공격하던 일들이었건만, 이제는 권력을 갖게 되었으니 자기 진영 내에서 발생하는 일들에 대한 관용의 분위기가 차고 넘친다. 심지어 잘못을 한 사람들이 오히려 목소리를 높이는 적반하장의 모습까지 보인다.

울산시장 선거 개입 사건으로 기소되어 재판을 받는 사람들이 분노의 말들을 쏟아내고 재판을 지연시킨다. 심지어 여당의 공천을 받아 선거에 출마해서 국회의원이 된다. 허위 인턴 증명서 발급으로 기소되어 재판을 받는 국회의원은 검찰을 심판하겠다며 벼르고 있다. 잘못한 사람들이 화를 내고 심판자가 되려는 광경은 역대 어느 정권에서도 보지 못했던 진풍경이다. 과거 정권들은 잘못이 발각되면 용서를 구하기라도 했다. 어느덧 국민들은 솔직한 도

둑보다 위선적인 도둑을 더 혐오하기 시작했다.

추미애와 윤석열의 갈등이 1년 내내 계속되어 국민들의 피로증이 극에 달했음에도, 여당 정치인 가운데 누구 하나 추미애에게 제동을 걸거나 다른 목소리를 내는 사람이 없었다. 여론이 그것에 대해 비판을 해도 누구도 성찰하는 태도를 보여주지 않았다. 자기 자신들에 대한 이런 관대함은 '우리만이 정의'라는 오만한 사고가 없다면 있을 수 없는 일이다. '우리는 그런 사람이 아니다'라는 자만은 '우리의 잘못은 선한 의도였기에 대수롭지 않다'는 오만으로 이어졌고, 국민들의 손가락질을 받는 내로남불의 모습으로 귀결되고 말았다.

샐리 콘Sally Kohn은 『왜 반대편을 증오하는가』에서 다른 사람들에 대한 우월의식이 증오를 낳는다고 말한다.

"나는 모든 증오가 다른 사람들에 대한 이질화된(왜곡된) 사고방식을 전제로 한다는 것을 배웠다. 체계적으로 다른 사람들의 인간성을 교묘하게 말살하면서 우리 자신은 경건한 척 높이려는 우월성이 바로 증오의 근본적인 뿌리이다."

우리는 크든 작든, 의식적이든 무의식적이든 간에 우리의 노골적이고 은밀한 편견의 렌즈를 통해 세상을 끊임없이 관찰하며 걸러내고 있다는 것이 그의 진단이다. 다른 사람들에 대한 도덕적 우월의식은 자기 자신의 오만과 자만을 낳는 데서 그치지 않고, 다른 사람들에 대한 차별과 배제, 증오를 낳게 되는 위험한 심리 기제다.

권력을 잡으면 왜 달라지는 걸까?

물론 본래 그랬던 사람들은 아니었다. 과거 엄혹했던 독재정권 시절, 그들은 누구보다 정의롭고 도전적이고 희생적인 인간상을 보여주었다. 그랬기에 독재정권의 폭압에 맞서 민주화 투쟁을 할 수 있었다고 나는 지금도 믿고 있다. 그 시절 그들은 뜻을 같이하는 나의 동지였고, 후배들이었다. 그러나 모든 권력에는 망각의 속성이 있다. 권력을 잡기 이전의 자기 모습을 잊고 권력을 잡은 자기 모습에 도취되어버리는 속성 말이다.

거기에는 보수와 진보, 여와 야의 구분이 없다. 그저 권력은 다 그런 것이다. 수십 년 동안 정치 현장에서 혹은 시사평론가로서 지켜보면서 든 생각이다. 대부분의 인간은 권력에 대한 욕망을 갖고 있다. 더욱이 한 번 권력의 맛을 본 사람들은 그 매력을 결코 잊지 못한다. 정치의 길에 들어선 사람들이 그토록 정치적 욕망에 집착하는 것을 보면 그것을 알 수 있다.

스탕달Stendhal의 『적과 흑』은 정의와 욕망이 교차하는 인간의 내면을 잘 보여주는 작품이다. 가난한 집에서 태어난 열정적이었던 주인공 쥘리앵은 출세의 욕망을 가졌지만, 귀족사회의 모습을 누구보다 혐오한 이중적 인물이었다. 출세하기 위해 사제가 되려는 꿈을 갖고 있던 쥘리앵은 신분 차이를 넘어 마틸드와 결혼을 앞두고 있었다. 그때 예전에 사귀었던 레날 부인이 마틸드의 아버지인 후작에게 편지를 보내면서 쥘리앵은 곤경에 처한다. 격분한 쥘리앵은 레날 부인을 찾아가 총을 쏘고, 결국 사형선고를 받게 된다. 죽음을 눈앞에 두고서야 쥘리앵은 자신이 가졌던 욕망에 대해 토로한다.

"만일 내가 나 자신을 멸시한다면 내게 무엇이 남겠습니까? 나는 한때 야심에 차 있었지만 그 점에 대해 자책하고 싶지 않습니다. 그때는 시대의 조류에 따라 행동했던 것입니다."

그의 욕망은 19세기 프랑스 사회의 욕망이었다. 결코 비루해지지 않으려는 강한 자존심을 가졌으면서도, 그 또한 욕망에 갇혀 있던 쥘리앵은 이렇게 말한다.

"나는 진실을 사랑했다.……그 진실은 어디에 있는가?……도처에 위선뿐이다. 그렇지 않으면 적어도 협잡뿐. 가장 덕망 높은 사람들에게도, 가장 위대한 인물들에게도, 그리하여 그의 입술에 역겨움의 표정이 떠올랐다.……그렇다, 인간은 인간을 믿을 수 없다."

귀족들을 보며 야망을 불태우면서도, 인간에 대한 불신을 토로하는 쥘리앵의 이야기는 오늘날 한국 정치에 대입해도 별반 다르지 않다. 우리 주변에도 쥘리앵이 많다. 사회의 부조리와 허위에 환멸을 느끼면서도, 자기도 이 사회에서 사다리를 타고 높이 올라가려는 모습을 도처에서 목격한다. 그렇게 정의와 욕망이 내면에서 교차한다. 자기가 사는 사회를 혐오하며 거기서 벗어나려 하지만, 결국에는 자신도 혐오의 대상이 되고 만다. 많은 사람이 그래

왔고, 그러면서 자아 분열을 겪기도 했다. 그래서 동서고금을 막론하고 사회 속에서 인간의 삶은 종종 비극적이었다.

오스트레일리아 정치학자 존 킨John Keane은 『민주주의의 삶과 죽음』에서 "민주주의는 겸손한 자들의, 겸손한 자들을 위한, 겸손한 자들에 의한 통치"라는 관점에서 생각하는 것이라고 말한다. 돈 많고 힘 있는 자들의 오만과 편견에서 약자들을 보호하고 그들에게 힘을 부여하고자 하는 것, 그리하여 약자들도 다양한 삶을 누리며 살아갈 수 있도록 하는 것이 바로 민주주의라고 강조한다. 존 킨은 "폭력에 물든 이 오만한 세상에서 겸손은 사람을 담대하게 만들어준다"고 설명한다.

"민주주의는 겸손 위에서 번영한다. 겸손은 얌전하고 순한 성격 혹은 굴종과 절대로 혼동해서는 안 되는, 민주주의의 가장 기본적인 덕이며 오만한 자존심의 해독제이다. 이는 자기 자신과 타인의 한계를 알고 인정하는 능력이다. 겸손한 사람은 환상 없이 살려고 노력하는 사람이다."

권력을 잡더니, 그 자리에 오랫동안 머물더니 달라졌다는 소리를 듣는 정치인들에게 들려주고 싶은 말이다. 무엇보다 다시 겸손해졌으면 좋겠다.

집단사고가
정치적 극단을 낳는다

정치는 왜 사람을 거칠게 만들까?

프리드리히 니체Friedrich Nietzsche는 『선악의 저편』에서 이런 말을 했다. "광기는 개인에게는 드문 일이다. 그러나 집단, 당파, 민족, 시대에서는 일상적인 일이다." 실제로 일상에서 개인은 온순하고 평범해 보이지만, 정치 이야기가 나오면 거칠게 돌변하는 사람을 보는 것은 그리 드문 일이 아니다.

지금은 익명의 악플러들에게 질려 그만두었지만, 오래전에 트위터를 열심히 하던 때가 있었다. 그때 문재인을 지지하는 '친문' 트위터리언 가운데 악플이나 욕설을 다반사로 배설하는 악명 높은 사람들이 있었다. 나는 논리적인 비판 이외에 감정적인 글을 올린 적은 없었다. 그런데도 이들은 자신이 지지하는 정치인에 대한 비판이라는 것 자체를 용인하지 않았다. 상스러운 악플에 질려 내가 차단을 해도, 그들은 다른 방법으로 내 글을 캡처해서 올리고 조리돌림을 했다. 아마도 여러 계정을 운영하면서 그런 짓을 상습적으로 하는 것 같았다.

도대체 어떤 사람이길래 허구한 날 저런 짓을 하고 있을까 궁금해서 알아보았더니, 그들을 만나본 사람의 이야기로는 다들 멀쩡한 사람들이라는 것이다. 특별히 악한 사람이거나 직업도 없이 그런 일만 하는 사람도 아니었다. 평범한 직장인이기도 하고 학원 강사이기도 하며 전문직 종사자이기도 하다는 것이었다. 우리가 트위터, 페이스북, 포털사이트에서 접하는 거친 말들을 쏟아내는 사람들은 우리의 평범한 이웃이었다.

내가 직접 경험한 일도 있다. 페이스북에 올린 글들에 대해 원색적인 욕설을 하는 사람이 여럿 있었다. 흔히 말하는 '문빠'들이었다. 하루는 안 되겠다 싶어서 그들이 올린 욕설과 그 사람들의 자기 소개 프로필 등을 캡처해서 경찰에 제출할 증거물들을 모았다. 그러고 나서 그 사람들에게 메시지를 보냈다. "오늘밤 12시까지 사과하세요. 그렇지 않으면 내일 아침 경찰서에 고소장을 제출

합니다." 그랬더니 언제 욕설을 했냐는 듯이 거의 빌다시피 하는 내용의 답장이 왔다. 그들은 불퇴전의 신념을 가진 투사가 아니라 그저 겁 많은 평범한 사람들이었다.

그렇게 겁도 많은 사람들이 어째서 정치 이야기를 하면 거칠어지는 것일까? 이 질문은 그리 단순한 문제는 아니었다. 인간을 어떤 존재로 볼 것인지라는 인간관과 관련된, 그리고 세상을 바라보는 시선과 연결된 근본적인 고민이기도 했다. 기대 혹은 미련, 체념과 절망 사이에서 하는 고민이었다. 여전히 결론을 내리지 못하고 있는 문제이지만, 정치는 사람을 거칠게 만드는 속성이 있다는 사실만은 분명한 것 같았다. 정치의 모순이며 딜레마다.

본래 정치는 사회 구성원들 사이에서 벌어지는 갈등을 조정하고 사회적 합의를 모색하는 역할을 부여받았다. 그런데 우리의 기대와는 정반대로, 정치 때문에 서로 간에 갈등이 빚어지고 반목하게 되는 것이 우리의 현실이다. 정치가 만인에 대한 만인의 투쟁을 불러일으키는 근원이 되어버렸다.

우리에게 그러한 경험은 헤아릴 수 없이 많다. 김대중을 지지하느냐 김영삼을 지지하느냐에 따라 사람들이 술자리에서 싸움을 벌였던 시절이 있었다. 가까이는 박근혜와 문재인 가운데 누구를 찍어야 하느냐, 혹은 문재인과 안철수 가운데 누구를 찍어야 하느냐를 놓고 가까웠던 사람들이 얼굴을 붉히는 광경도 많이 보았다.

문재인 정부가 들어선 이후로 정치적 견해 차이로 인한 사람들

사이의 다툼은 더욱 격렬해졌다. 조국을 지지하는 사람들과 반대하는 사람들 사이의 반목은 말 그대로 역대급 갈등이었다. 오래되고 친했던 지인들끼리도 조국에 대한 생각이 다르면 멀어지거나 심지어 SNS에서는 절연하는 경우가 다반사였다. 조국이 내 부모도 아닌데, 그를 지켜야 하느냐 물러나게 해야 하느냐에 목숨을 걸다시피 했다.

추미애와 윤석열의 갈등 과정에서도 그보다 결코 덜하지 않은 서로 간의 갈등이 빚어졌다. 어떤 사람들은 추미애를, 어떤 사람들은 윤석열을 응원하며 서로가 등을 돌렸다. '어떻게 그렇게 말할 수가 있지? 그런 사람인 줄 몰랐어. 더는 상종하고 싶지 않아.' 나와 반대되는 의견을 내놓는 상대를 향해 그런 말로 반응했다. 우리는 그렇게 서로에게 실망하며 이별했다.

우리는 서로 다른 생각들을 조정하는 방법을 알지 못했다. 한나 아렌트Hannah Arendt가 말했던 정치는 다원적 인간들 사이에서 다양성을 전제로 한 의사소통 행위다. 사람들마다 정치적 견해는 다르며, 좋아하거나 싫어하는 정치인도 개인의 취향과 판단의 문제다. 그런데 문제는 정치적 견해의 차이로 인해 서로에 대한 혐오와 경멸, 적대의 감정이 여과 없이 분출된다는 점이다. 생각의 다양성을 인정하지 않고 정치의 영역을 증오의 감정으로 덮어버리는 모습은 한나 아렌트가 꿈꾸었던 정치적 삶과는 거리가 멀었다. 거기서 정치는 새로운 시작이 되지 못하고 다시 사막이 되고 만다.

집단사고에 갇힌 개인들

우리가 다른 정치적 견해에 대해 그렇게 민감하게 반응하는 이유는 집단 속에 갇혀버린 개인이 되었기 때문이다. 미국의 비즈니스 컨설턴트 하워드 J. 로스Howard J. Ross에 따르면, 개인이 갖고 있는 많은 편견은 전혀 개인적이지 않다.

"그것들은 관련된 그룹과 문화의 깊은 영향을 받는다. 정상적인 사람들조차 때로 사회의 집단적 광기에 사로잡혀 같은 시민을 공격한 수많은 역사적 사례는 이것이 진실임을 보여준다. 우리는 집단사고와 믿음의 강력한 영향을 받는다."

개인의 판단은 자신이 속한 집단의 판단에 의해 좌우된다. 인간은 집단의 판단과 개인의 판단을 동일하게 맞춰야 소속감을 느끼게 된다. 그러니 집단이 내 대신 생각하는 집단사고group think가 만들어지는 것이다. '친문'이라 불리는 정치적 팬덤이 TBS〈김어준의 뉴스공장〉을 함께 들으며 거기에서 진실을 찾으려는 광경이 그러하다. 또 친문 유튜브 방송들을 찾아다니며 시청하는 것도 집단적 동질성을 확인하는 카타르시스를 느끼려는 것이다. 김어준의 음모론적 주장들이 사실과 다른 결과가 수없이 나오는데도, 그들은 김어준의 말을 집단적으로 신봉한다. 김어준은 진영의 집단사고가 낳은 열광 속에서 수많은 신도를 거느린 정치적 교주가 되었다.

그런데 집단사고는 단순하고 극단적인 결론을 추구하는 속성이 있다. 집단의 동질성을 강화하는 가장 손쉬운 길이 그것이기 때문이다. 선과 악의 이분법적 프레임은 집단사고를 고취시키는 데 가장 효과적인 수단이다. 그래서 집단사고는 다양한 판단의 가능성을 허용하지 않는다. 이렇게 생각할 수도 있고, 저렇게 생각할 수도 있는 것이 아니라, 진영의 이익과 일치하는 하나의 판단만을 정답으로 간주한다.

최근 한국 사회에서 벌어졌던 조국 사태, 윤미향과 정의연 사태, 추미애과 윤석열의 갈등 같은 뜨거운 이슈들에 대한 사람들의 태도가 철저하게 그가 속한 진영에 따라 결정되는 광경을 보았다. 각 사안마다 판단이 다를 수도 있을 텐데, 어쩌면 그렇게도 진영에 따라 일사불란하게 양분되는 것인지 놀라울 정도다. 사안에 따라 입장을 달리하는 자유로운 사고의 넘나들기는 불가능했다. 모두가 진영이라는 집단에 구속당한 사람들이 되었다.

또한 우리 편의 주장을 강화하기 위해서는 상대편을 배제하는 정치적 기술이 사용된다. 에이미 추아Amy Chua는 집단 본능을 분석한 『정치적 부족주의』에서 인간에게는 부족 본능이 있으며, 이는 단지 소속 본능만 의미하는 것이 아니고 배제 본능을 겸한다고 말한다.

"어느 집단이건 일단 속하고 나면 우리의 정체성은 희한하게도 그 집단에 단단하게 고착된다. 가령 개인적으로는 얻는 것이 없다고 해도 내가 속한 집단 사람들의 이득을 위해 맹렬하게 나서고 별

다른 근거가 없는데도 외부인에게 징벌적인 위해를 가하려 한다. 또한 집단을 위해 희생하며 목숨을 걸기도 하고 남의 목숨을 빼앗기도 한다."

자신이 어느 진영에 속해 있음을 스스로 의식하는 사람들이 개인의 성정과는 달리 거칠고 사나운 사람으로 돌변하는 이유를 여기서 찾을 수 있다. 내가 속한 '집단'이 나라는 '개인'을 압도하게 된다. 집단사고에 따라 나는 그렇게 용감해질 수 있는 것이다. 그토록 온순했던 내가 아닌, 낯선 정치적 자아가 만들어지고 타인에 대한 증오와 혐오의 말이 쏟아져나오는 것이다.

집단사고가 거세시킨 성찰 능력

이마누엘 칸트Immanuel Kant는 1784년에 쓴 「계몽이란 무엇인가에 대한 답변」에서 계몽에 대한 자신의 생각을 이렇게 밝히고 있다.

"계몽이란 우리가 마땅히 스스로 책임져야 할 미성년 상태로부터 벗어나는 것이다. 미성년 상태란 다른 사람의 지도 없이는 자신의 지성을 사용할 수 없는 상태이다. 이 미성년 상태의 책임을 마땅히 스스로 져야 하는 것은, 이 미성년의 원인이 지성의 결핍에 있는 것이 아니라 다른 사람의 지도 없이도 지성을 사용할 수 있는 결단과 용기의 결핍에 있을 경우이다. 그러므로 '과감히 알려고 하라!Sapere aude!', '너 자신의 지성을 사용할 용기를 가져라!' 하는 것이 계몽의 표어이다."

대부분의 사람이 외부의 지도에서 해방된 뒤에도 일생 동안 미성년 상태에 머무르거나 다른 사람들이 손쉽게 후견인으로 들어앉는 이유는 게으름과 비겁함 때문이라고 칸트는 지적한다. 미성년으로 머무르는 것은 무척 편안하다. 나를 대신해 지성을 가지고 있는 책이 있고, 양심을 가지고 있는 목사가 있고, 음식을 준비하는 요리사가 있다면, 나는 조금도 수고로울 필요가 없을 것이다. 그래서 "개인이 거의 천성이 되다시피 한 미성년 상태에서 벗어나는 것은 매우 어려운 일"이라고 칸트는 말한다.

마찬가지로 우리는 집단사고에 나의 판단을 맡기는 미성년 상태에 머물러 있는 사람들을 보게 된다. 내 머리로 복잡하게 생각하고 확인하지 않아도 내가 속한 집단이 그것을 대신해준다. 그리고 나는 집단이 내린 결론을 무조건 추종하는 존재가 된다. 내가 직접 사실을 확인해 내 머리로 판단하지 않고 자신이 좋아하는 방송을 듣고 판단하려는 모습이 그것이다. 진영을 지배하고 있는 집단사고는 이렇게 나의 비판과 성찰 능력을 거세시키고 나를 무사유 thoughtlessness의 존재로 만들어버린다.

조너선 하이트Jonathan Haidt는 『바른 마음』에서 편싸움 속에서 눈이 멀어버리는 우리의 모습을 지적하고 있다.

"도덕은 사람들을 뭉치게도 하고 눈멀게도 한다. 도덕이 우리를 뭉치게 한다는 것은 결국 각자의 이데올로기를 내걸고 편을 갈라 싸우게 한다는 뜻이다. 그렇게 편이 나뉘면 우리는 매 싸움에 이 세상의 운명이라도 걸린 듯이 서로 이를 악물고 싸운다. 도덕이 우리를 눈멀게 한다는 것은 결국 우리가 엄연히 존재하는 사실을 보지 못하게 된다는 뜻이다. 각 편에는 저마다 좋은 사람들이 있고, 그들 이야기 중에는 뭔가 귀담아들을 것도 있다는 사실을 말이다."

문제는 그 도덕이 인간의 보편적 도덕이 아니라 진영의 이익을 위한 도덕이라는 사실에 있다. 우리는 그렇게 진영의 포로가 되고 만다. 진정으로 '깨어 있는 시민'이 된다는 것은 진영의 이익에 깨어 있는 것이 아니라, 진영을 넘어서는 인간의 이성에 깨어 있음을 의미한다. 내가 나를 대표하지 못하고 집단이 나를 대표한다면 내 삶은 허수아비와도 같다. 우리는 자신이 믿고 싶었던 말을 의심할 준비가 되어 있는가? 우리는 불편한 진실을 감당할 마음을 갖고 있는가? 그것이 없다면, 당신이 깨어 있다고 믿는 것은 대단한 착각이다.

성찰과 회의를 모르는
독선의 정치

정치를 하면 쉽게 오만해지는 이유

미셸 드 몽테뉴Michel de Montaigne는 『에세』에서 크세주Que sais-je?, 그러니까 '나는 무엇을 알고 있는가?'라는 질문을 던진다. 그러면서 몽테뉴는 회의할 줄 아는 인간을 말한다.

"어떤 주장이나 신념도, 설사 나의 주장이나 신념과 반대되더라도 나를 놀라게 하거나 화나게 하지 않는다. 아무리 경박하고 허황된 생각일지라도 인간 정신의 산물로 어울리지 않는 것은 없다고 생각하기 때문이다. 인간의 판단력에 결론을 내릴 권한을 거부하는 우리는 자신의 생각과 다른 생각을 부드러운 눈으로 바라본다."

몽테뉴의 말은 독선과 불관용이 판치던 시대 한복판에서, 회의주의를 받아들여 지식의 한계를 인식하고 독선과 독단에서 벗어나기 위한 질문이었다. 내가 옳지 않을 수도 있다는 것, 내가 틀릴 수도 있다는 것, 그래서 나에 대한 의심도 필요하다는 것이 몽테뉴가 받아들인 회의주의의 정신이라 할 수 있다.

니체도 자기의 분신인 차라투스트라를 통해 스스로 회의하고 의심할 줄 아는 인간형을 말했다. 차라투스트라는 제자들 앞에서 이렇게 말했다.

"제자들이여, 이제 나 홀로 나의 길을 가련다! 너희들도 이제 한 사람 한 사람 제 갈 길을 가도록 하라! 내가 바라는 것이 바로 그것이니. 나 진정 너희들에게 권하노니 나를 떠나라. 그리고 이 차라투스트라에 맞서 너희 자신을 지켜라! 더 바람직한 일은 이 차라투스트라의 존재를 수치로 여기는 일이다! 그가 너희들을 속였을지도 모르지 않는가."

존경하는 스승조차도 거짓일 수 있으니 의심하라는 것이 그의 정언定言이었다. 그러나 자신에 대한 의심과 회의를 갖는 정치인을 만나는 것이 그리 쉬운 일은 아니다.

오래전 방송을 하러 지방에 갔을 때의 일이다. 몇 사람과 대화를 나누다가 그 지역 여당 다선 국회의원에 대한 이야기가 나왔다.

그런데 사람들의 평판이 비슷했다. 정치를 시작했을 때의 그 사람이 아니라는 것이다. 어깨에는 힘이 들어가 있고 목이 뻣뻣하며 사람들을 대하는 태도가 고압적이라고 말했다. 나도 평소 TV에 나오는 그 정치인의 모습을 보면서 전에는 얼굴이 순수해 보였는데, 이제는 뭔가 표정부터 달라졌다는 느낌을 받아왔던지라 무슨 이야기를 하는지 곧바로 알 수 있었다.

어디 그 정치인뿐이겠는가? 정치를 하고 나서 얼굴이 달라졌다는 사람들을 흔하게 듣는다. 처음에는 그런 사람이 아니었는데 국회의원 몇 번 하더니 권위적이고 고압적이 되었다는 이야기다. 과학적인 근거를 댈 수는 없지만, 그 사람이 어떻게 살고 있는지가 얼굴에 나타나는 경우가 많다. 흔히 사람이 살아온 길은 그의 얼굴에 쓰인다고 말하지만, 특히 권력은 사람의 얼굴까지도 바꾸어놓는 힘을 가진 모양이다. 권력이 그 사람의 내면까지 바꾸어놓기 때문일 것이다.

어떤 과학자들은 권력이 뇌와 호르몬을 변화시킨다는 연구 결과를 내놓기도 한다. 권력에 취하면 뇌가 변하고 그 결과 공감 능력이 떨어지거나 호르몬에 변화가 생긴다는 것이다. 높은 지위에 오른 사람이 낮은 지위에 있는 사람을 잘 이해하지 못하는 이유는 높은 자리에 오를수록 타인에 대한 공감 능력이 떨어지기 때문이라는 것이다. 그렇다면 여간 절제하고 삼가지 않으면 권력의 속성에 젖는 것이 권력의 세계에 들어간 사람들의 숙명인지 모르겠다.

그러니 생리적인 현상마저 이겨낼 수 있는 자기 절제의 의지가 필요할 것이다.

문재인이 임기를 시작할 때 우리가 너나 할 것 없이 응원을 보낸 이유 가운데는 '겸손한 권력'이 되겠다는 다짐에 대한 신뢰도 있었다. 문재인은 취임사에서 이렇게 다짐했다.

"소통하는 대통령이 되겠습니다. 낮은 사람, 겸손한 권력이 되어 가장 강력한 나라를 만들겠습니다."

이명박과 박근혜 정부하에서 오만한 권력의 모습에 몸서리쳤던 많은 국민은 그렇게 몸을 낮춘 대통령의 모습을 열렬히 반겼다. 이번에는 달라진 권력의 모습을 보게 되리라는 기대가 넘쳤다.

잘못을 인정하지 않는 무성찰의 태도

하지만 임기 종반에 접어든 지금, 문재인 정부의 집권 세력의 모습에서 자신들을 돌아보는 겸허한 성찰의 태도를 본 기억이 별로 없다. 자신들의 잘못이 드러나고 책임져야 할 일이 있어도 좀처럼 인정하고 고개 숙이는 모습을 보기 어렵다. 청와대의 기강 해이가 연이어 물의를 빚고, 일개 수사관과 청와대가 전면전을 치르느라 나라가 혼돈에 빠졌어도 누구 하나 제대로 사과하는 사람이 없었다. 청와대 특별감찰반의 민간인 사찰 의혹 등을 폭로해서 청와대와 진실 공방을 벌였던 김태우 전 감찰수사관에 관한 이야기다. 그의 주장이 다 사실이라고 믿어서가 아니라, '미꾸라지'가 그렇게 물을 흐려놓았으면, 어째서 그런 '미꾸라지'를 진작에 내보내지 못했는가? 이 일에 대해 책임지는 사람은 없었다.

부동산 정책도 마찬가지다. 24번에 걸친 부동산 정책이 실패했어도 그것을 인정하지 않고 이명박과 박근혜 정부의 책임으로 떠넘긴다. 집권 초에 집값 폭등이 일어난 것이라면 모르겠지만, 국정을 맡은 지 몇 년이 지났는데도 정책 책임자가 그런 이야기를 거리낌 없이 한다. 임대차 3법의 졸속 처리로 촉발된 전세난과 집값 상승에 대해서도 자신들의 정책 실패를 인정하지 않고 박근혜 정부의 아파트 인허가 물량 감소 때문이라며 책임을 떠넘긴다. 국토부 장관 김현미는 그동안은 무엇을 하고 있다가 그제야 공급 대책을 마련한다고 허둥대고 있는지 묻지 않을 수 없다.

조국 사태 때도, 추미애와 윤석열 갈등 사태 때도 결국 문제의 출발은 그렇게 단추를 채웠던 집권 세력의 책임이었건만, 좀처럼 잘못을 인정하지 않는다. 언제나 정치적 의도를 가진 검찰의 탓이요, 검찰 편에 선 '기레기'들의 책임이며, 정권의 발목을 잡으려는 야당의 탓이다. 여론까지 등을 돌린 그런 일들에 대해서도 집권 세력은 책임을 인정하지 않는다. 그나마 민심의 편에 서서 조국과 추미애를 비판했던 금태섭이나 조응천 같은 정치인들은 징계를 받았거나 지지자들에게서 돌팔매질을 당했다.

공룡이 된 여당의 '입법 독주'

2020년 총선에서 180석을 얻어 공룡 여당이 된 민주당은 선거 승리 직후에는 '겸손하겠다'는 말을 입에 달고 살았다. 이해찬 대표는 "더욱 겸손한 자세로 민심을 살피고 말 한마디 행동 하나도 각별하게 조심을 해야 한다"라고 당부했고, 당선인 워크숍에서는 과거 열린우리당의 실패를 반면교사로 삼아 겸손한 거대 여당이 되자는 당부도 오갔다. 하지만 막상 국회가 시작되자마자 겸손이라는 말은 잊힌 공수표가 되고 말았다.

18개 상임위원장 자리까지 독식한 여당은 자신들이 필요하다고 믿는 법안들에 대해서는 의석수의 힘으로 밀어붙이는 입법 독주를 조금도 주저하지 않았다. 전문가들의 우려에도 아랑곳하지 않고 임대차 3법은 하루 이틀 만에 상정되고 본회의를 통과했다. 그 과정에는 야당과의 토론이나 심의 같은 기본적인 절차도 생략되었다.

그런 독주에 대해 민심과 여론은 비판적이었는데, 여당에서 누구 하나 국민들에게 사과하는 의원이 없었다. 정치에서는 자신이 의도한 바에 대해서만 책임이 있는 것이 아니다. 자신이 만들어낸 일의 결과에 대해서도 책임을 져야 한다. 자신들에게 선의가 있었다는 말로 결과에 대한 책임을 회피하는 것은 옳지 않다.

여론이 싸늘한데도 여당의 입법 독주는 계속되었다. 공수처법은 야당의 반대 속에서 민주당이 만들어 통과시켰다. 그런데 1년 만에 다시 공수처장 후보 추천에서 야당의 비토권을 폐기하는 법 개정을 밀어붙였다. 국민의힘이 비토권을 이용해 공수처 출범을 고의로 지연시키고 있다는 것이 그 이유였다. 하지만 시간이 좀 걸리더라도 여야 합의로 후보를 추천하는 선례를 남길 필요가 있었다. 그러나 여당은 기다리지 않았고 곧바로 개정안을 통과시켰다.

후일 정권이 바뀌게 된다면 그때는 공수처가 자신들을 겨냥할지 모른다는 사실은 차치하고라도, 그렇게 조변석개식으로 법을 이랬다 저랬다 하려면 최소한 국민들에게 사과하는 모습이라도 보이는 것이 마땅했다. 그러나 공수처법을 개정한 여당의 모습에서는 검찰 개혁의 결실이라는 자찬만이 있었을 뿐, 국민들에 대한 송구스러움 같은 것은 읽을 수가 없었다. 자신들의 신념에만 갇혀 회의도 성찰도 모르는 모습이었다.

나의 신념을 믿지 말고, 나의 불의를 의심하라

국정을 책임진 5년 동안 잘못과 실수를 하지 않을 정권은 없다. 그런 무오류의 권력이 세상에 어디 있겠는가? 누가 정권을 잡고 국가를 운영해도 잘못은 끊임없이 생겨난다. 중요한 것은 얼마나 성찰해서 같은 잘못이 반복되지 않도록 하는 일이다. 그런 견지에서 보았을 때 그동안 문재인 정부의 집권 세력이 보여준 성찰과 공감 능력은 매우 우려할 만하다. 잘못된 모든 것이 다른 사람들의 책임이고 자신들은 언제나 옳다는 태도는 국민의 공감을 얻기 어렵다. 박근혜 정부의 독선을 그렇게 비판하고 들어선 문재인 정부가 또다시 독선과 불통, 공감 능력 부재라는 비판을 받는 것은 무척 슬픈 일이다. 그렇게 반복되는 정치의 흑역사는 국민의 가슴에 절망을 안겨주기에 충분하다.

집권 초에는 기대했다가 이제는 실망해서 문재인 정부를 비판하는 사람들의 이야기를 들어보면 공통적인 지점이 있다. 자신들만 도덕적으로 옳고 우월하다는 선민의식이 싫다는 것이다. 지금까지 문재인 정부를 지켜보노라면 그 같은 지적이 지나친 것은 아니라는 생각이 든다. 어째서 문재인 정부의 집권 세력은 자신의 잘못은 인정하고 사과하기를 그토록 싫어하는가? 상대방의 적폐에 대해 그토록 준엄했던 정권이라면 그 이상으로 엄격한 잣대를 들이대며 자신들에게도 준엄할 수 있어야 한다. 자기 자신과의 거리두기를 할 수 있는 사람들만이 자신의 생각을 절대선이라 믿지 않고 회의하고 성찰하는 태도를 가질 수 있다. 프랑스 철학자 제라르 벵쉬상Gérard Bensussan은 이런 말을 했다.

"내가 정의롭다고 믿을수록, 또 이러한 믿음에 만족할수록 나는 덜 정의롭다."

자신의 정의를 과신하지 말고 내가 행했을 수 있는 불의를 끊임

없이 의심하라는 말이다. 자기 자신에게 엄격한 모습을 보일 때 비로소 국민의 공감을 얻을 수 있을 것이다. 내가 잘못했을 수도 있음을 어째서 생각하지 못하는 것인가?

민심이 등을 돌리고 각종 여론조사에서 대통령의 지지율이 추락하니 비로소 문재인이 달라진 모습을 보인다. 2021년 1월 신년 기자회견에서 문재인은 부동산 문제에 대해 "매우 송구한 마음" 이라며 처음으로 사과했다. 단골 메뉴였던 검찰 개혁도 말하지 않았다. 이제라도 몸을 낮추는 모습은 다행스럽다. 하지만 지나간 버스를 향해 손들기라는 인상을 지울 수가 없다.

왜 그때는 그러지 않았는지 원망이 든다. 정부의 부동산 정책에 대한 비판이 그렇게 쏟아졌을 때는 외면하던 대통령이 이제 와서 민심을 수습하겠다고 몸을 낮추는 모습이 그리 진정성 있게 다가오지 않는다. 사과와 성찰의 진정성은 한두 마디 말이 아니라, 그래서 어떻게 달라졌느냐로 입증된다는 것을 잊어서는 안 된다.

사람들이 김어준의 음모론에
빠지는 이유

사실무근으로 판명된 '세월호 고의 침몰설'

김어준은 음모론의 대가라 부를 만한 인물이다. 그의 음모론은 영역을 가리지 않는다. 방송을 통해 세월호 고의 침몰설을 주장하는가 하면, 2012년 대선에서 부정 개표가 있었다는 내용의 영화 〈더 플랜〉을 제작해 공개하기도 했다. 그가 제기한 음모의 대부분은 사실이 아닌 것으로 판명되었지만, 그는 사과 한마디 없이 좌고우면하지 않고 음모론의 행진을 이어간다. 그래도 팬덤은 열광하고,

김어준은 방송을 계속한다. 우리가 살고 있는 사회가 그 정도로 미개한 곳은 아닌데, 어떻게 이런 일이 가능한가?

김어준이 퍼뜨린 음모론 가운데 대표적인 것이 세월호 고의 침몰설이다. 김어준은 세월호 참사 이후 한겨레TV〈김어준의 파파이스〉등을 통해 반복해서 제기했다. 김지영 감독과 함께 제작한〈그날, 바다〉라는 영화에서 김어준은 이것을 본격적으로 제기하며, 정부가 세월호 참사 초기에 발표했던 선박자동식별장치AIS 항적 자료가 조작되었다고 주장했다.

그러나 김어준의 주장은 사실이 아닌 것으로 판명되었다. 김어준의 주장을 믿었던 세월호 유가족들은 2019년 11월 출범한 세월호참사특별수사단에 이 의혹을 수사 의뢰했고, 검찰은 1년 2개월여 만에 사실무근이라는 결론을 내놓았다. 특별수사단은 김어준이 주장한 AIS 조작 의혹을 검증하기 위해 광범위한 데이터 수집을 했고, 국내 23개 AIS 기지국과 해외 AIS 수집업체, 민간 선박의 AIS 데이터 등을 분석한 결과 모두 2014년 당시 박근혜 정부가 발표한 세월호 AIS 항적 자료와 일치한다는 결과를 발표했다.

"김어준 씨 말이 맞으려면 정부가 전 세계 수천 개 AIS 기지국 데이터와 민간 선박에 남은 AIS 데이터까지 모조리 조작을 해야 하는 것이다. 근거가 없고, 논리적으로 말이 안 되는 주장이다. 더는 소모적 논쟁이 없었으면 좋겠다."

사실 세월호 고의 침몰설은 상식의 차원에서도 쉽게 받아들이기 어려운 내용이다. 아무리 정치적 음모가 있었다 한들, 아무리 박근혜 정부가 악의 세력이라고 믿는다 한들, 수백 명의 아이를 바닷속에 수장시켜버리는 계획을 꾸몄으리라고는 상상이 되지 않는다. 백 번 양보해서 박근혜 정부가 그런 일을 벌일 정도로 악한 세력이라고 치자. 그렇다 해도 대체 세월호를 고의로 침몰시켜 그들이 얻을 정치적 이득이 무엇일지 생각하면 답이 나오지 않는다.

박근혜 정부는 세월호 참사로 인해 어떤 정치적 이득을 얻은 것이 아니라, 참사 책임에 대해 여론의 엄청난 비난을 받으며 임기 내내 위기에 몰렸다. 그런 위기 상황을 스스로 만들었으리라는 상상은 상식적으로 받아들이기 어렵다. 그럼에도 세월호 고의 침몰설은 구조 실패의 책임이 있는 박근혜 정부를 가장 사악한 집단으로 몰아갈 수 있다는 점에서 팬덤의 강력한 지지를 받았다.

문제는 김어준의 세월호 고의 침몰설이 돈벌이로 연결되었다는 점이다. 김어준은 이 음모론을 토대로 2018년 4월 〈그날, 바다〉라는 다큐멘터리 영화를 개봉했다. 세월호 참사에 대한 국민들의 관심이 높았던지라 이 영화는 흥행에 크게 성공했다. 이 영화는 54만 명이 넘는 관객을 끌어모으며 44억 원이 넘는 매출을 올렸다.

당시 김어준과 김지영 감독은 영화 제작비가 9억 원이라고 밝혔다. 그런데 김어준은 2015년 1월부터 이 영화와 〈더 플랜〉 (2017년 4월 개봉) 등을 제작하겠다면서 크라우드펀딩을 통해 20억 원이 넘는 제작비를 모금한 바 있었다. 그것까지 더하면 적지 않은 수익을 올렸을 것으로 추정되지만, 김어준은 영화를 제작해 얼마의 수익을 얻었는지에 대해 밝히지 않았다. 언론들은 극장과 배급사에 지불하는 비용과 마케팅 비용 등을 제외하면, 제작진에 10~20억 원이 돌아갔을 것이라는 영화 관계자들의 추정을 전할 뿐이다. 사실이 아닌 음모론을 갖고 영화를 만들어 개인이 엄청난 수익을 올렸다면, 이는 도덕적·윤리적으로 커다란 문제다.

이런 이야기를 하면 김어준의 팬덤은 "적폐 검찰이 수사해서 내린 결론을 어떻게 믿느냐"고 할지 모른다. 거기에 사회적참사특별조사위원회도 "특수단이 AIS 의혹에 대해 해수부 등의 기존 논거를 반복했다"며 비판하는 입장문을 냈다. 하지만 '적폐 검찰'만이 김어준의 음모론을 부정했던 것은 아니다. 진보 성향의 인터넷 매체인 〈뉴스타파〉도 김어준이 주장하는 세월호 고의 침몰설은 사실무근이라는 결론을 진작에 내렸다.

〈뉴스타파〉는 김어준이 했던 주장과 가설을 면밀히 검증한 결과, "누군가 1,000여 척의 선박, 16만 개의 AIS 데이터를 조작했다"는 것은 사실무근으로 드러났다고 보도했다. 나중에 〈뉴스타파〉의 최승호 PD는 아무런 책임도 지지 않는 김어준의 태도를 공개 비판해 눈길을 끌기도 했다.

"김어준은 어떤 중대한 사안에 대해 이해할 수 없는 현상이 발견되면 그것에 대해 '취재'하기보다 상상하고 추론하고 음모론을 펼치고, 때로는 영화를 만들면서 강한 반박이 나오면 책임 있는 답변을 하지 않고 무시한다. 대중들은 김어준의 이런 행동 방식에 대해 매우 관대하다. 그는 사실이 아닌 위험한 주장을 마음껏 할 수 있는 특권을 가진 것 같다."

'N번방 사건'이 정치공작인가?

그렇게 책임지지 않아도 되니 김어준은 거침이 없고 두려울 것이 없다. 2020년 4월 김어준은 디지털 성범죄인 'N번방 사건'이 정치공작이라는 식의 음모론을 주장해 이 사건에 분노했던 많은 사람을 경악하게 만들었다. 김어준은 "미래통합당에서 우리 당에 N번방 연루자가 있다면 정계에서 완전 퇴출(시키겠다고 했는데), 이거 매우 이상한 메시지"라고 말하면서 "공작의 관점에서 봐야 한다"고 말했다.

도대체 N번방 사건과 정치공작이 무슨 관련이 있다는 이야기인가 했더니, "'민주당의 N번방 연루자가 있을 예정이니 정계에서 완전히 퇴출시켜라'는 메시지를 예언처럼 하는 것"이라는 설명이었다. 물론 이 음모론도 터무니없는 것으로 판명되었다. 그런데 기막힌 것은 김어준의 그런 황당무계한 소리를 대하는 팬덤의 반응이었다.

'N번방 정치공작' 주장이 사실무근임이 드러나도, 김어준을 신봉하는 이들은 오히려 그 덕분에 정치공작이 실패로 돌아갔다고 주장한다. 김어준이 이 이야기를 꺼낸 덕분에 그들의 음모가 좌절되었다고 받아들이는 것이다. 이쯤 되면 누가 사실이 아니라고 이야기해도 들을 사람들이 아니다. 음모론에 빠진 사람들은 그것이 사실인지 아닌지에 별 관심이 없다. 자신들의 마음에 위안을 주고 상대방은 악마라는 자신들의 믿음을 뒷받침해주니, 어떤 허황된 주장도 '착한 음모론'이 된다.

김어준의 음모론을 받아들이는 팬덤의 반응을 보면 성인지性認知 감수성의 집단적 부재라고밖에 달리 설명할 길이 없다. 언제나 진영과 정파의 이해관계가 먼저라고 생각하니 피해받는 여성들의 고통은 그다음 문제가 되고 만다. 그러고도 자신들이 진보적인 사람들이라고 착각하고 '사람이 먼저다'를 외친다. 하지만 세상에는 정치의 눈으로 바라보아야 할 일들도 있지만, 그래서는 안 될 일들이 있다. 진영의 정치적 이해관계가 앞선 나머지, 피해 여성들이 받을 고통은 외면한 채 물 타기를 해서는 안 된다. 정치가 성범죄 같은 반인간적 행위를 고발하는 일을 가로막아서는 안 된다. N번방 사건에 여야를 따지고 진영의 이익을 계산하는 것은 인간 보편의 윤리에 반하는 태도다.

한두 번이 아니었다. 2018년 우리 사회를 휩쓴 '미투 열풍' 때도 김어준은 그랬다. "공작의 사고방식으로 보면 어떻게 보이느냐……. 문재인 정부의 진보적 지지자들을 분열시킬 기회다"라고 말하는가 하면 "미투를 공작으로 이용하고 싶은 자들이 분명 있다"고도 했다. 연이은 미투 폭로가 나와 모든 사람이 분노했지만, 김어준은 버젓이 정치공작이라고 말했다.

피해 여성들은 자신들의 폭로가 정치공작에 이용되는 것이 아닌지 의식하게 되었고, 입을 여는 것이 쉽지 않게 되었다. 다른 사람들의 시선과 눈치를 보는 자기검열을 해야 했다. 그러나 막상 미투 폭로가 정치공작과 연결된 사례는 단 한 건도 확인된 것이 없다. 김어준의 음모론은 본질을 가리며 피해자들의 입만 막는 역할을 했을 뿐이다.

김어준은 이런 말도 했다. "이 분야만 오랜 세월 파온 저로서는……." 언제나 음모론을 주장해왔던 자기 자신을 정치공작을 파헤치는 전문가로 여기는 듯하다. 선거 전문가들도 자신의 예측이 틀리면 오판을 인정한다. 증권사 애널리스트들도 자신의 주가 예측이 틀리면 고객들에게 송구스러워한다. 하지만 우리 시대의 음모론 전문가는 자신의 음모론이 번번이 사실이 아닌 것으로 드러나도 사과를 하지 않는다. '아니면 말고'식의 책임지지 않는 태도다.

그래도 되는 이유는 어떠한 경우에도 자신의 음모론을 지지해주는 팬덤이 있기 때문이다. 『이솝 우화』에 나오는 양치기 소년이 "늑대가 나타났다"고 외치면 처음에는 사람들이 왔지만, 나중에는 소년을 구해주러 오는 사람은 없게 된다. 그런데 수많은 사람이 김어준의 음모론을 믿고 옹호한다. 〈김어준의 뉴스공장〉의 유튜브

구독자 수가 100만 명을 기록할 수 있는 것은 그에 대한 믿음을 가진 콘크리트 팬덤층이 존재하기 때문이다.

아니나 다를까. 청와대 국민청원 게시판에는 'N번방 사건 가지고 검찰이 정치질 한다는 소문이 파다합니다'라는 글이 올라왔다. 성인지 감수성의 부재를 일관되게 드러내는 김어준에게 환호를 보내는 이들 가운데는 여성도 매우 많다. 피해 여성들의 고통을 함께하고 싸워주어야 할 여성들이 피해 여성들을 더 처참하게 만들어버리는 데 가담한다. 정치공작도 무섭지만, 김어준이 퍼뜨리는 음모론을 믿는 사람들이 더 무섭다. 그로 인해 우리 사회가 감당해야 하는 비용이 얼마나 큰 것인지를 생각할 때가 되었다.

'손혜원 지켜주기'를 위한 음모론

음모론은 김어준에서 그치지 않는다. 목포 부동산 투기 의혹 등으로 1심에서 실형이 선고된 손혜원 의원 관련 보도에 대해서도 음모론이 난무했다. SBS의 '손혜원 죽이기' 보도에 배후가 있다는 이야기였다. 처음에는 SBS 대주주인 태영건설이 등장했다. '태영건설이 목포에 고층 아파트를 지으려다 손혜원 의원 때문에 실패하니 SBS를 동원해서 공격한다'는 것이었다. 그러나 이내 근거 없음이 확인되었다.

정권의 눈치를 봐야 할 태영건설이 무모하게도 집권 여당 소속, 그것도 대통령 부인과 절친인 국회의원의 의혹 보도를 사주했다는 것은 애당초 터무니없는 주장이었다. 태영건설은 목포와 아무 관련이 없었고, 서산·온금지구 조선내화 부지 아파트 건설을 맡은 것은 지역 건설사인 중흥건설로 확인되었다. 그러자 이번에는 '중흥건설이 SBS에 제보해 보도하게 했다'는 음모론이 등장했다.

그런데 지지자들이 유포시킨 음모론에 본격적으로 불을 지핀 것은 손혜원이었다. 손혜원은 "SBS, 중흥건설, 조합 관련자들, 그리고 박지원 의원님 검찰 조사 꼭 같이 받읍시다"라며 이들이 조선내화 부지에 아파트를 지으려 했던 세력이자 SBS에 제보한 세력이라고 몰아갔다. SBS는 보도 당사자니 명예훼손으로 고소한다고 쳐도, 다른 사람들은 무슨 죄로 검찰에 가야 한다는 말인가? 중흥건설이나 조합이 관련되었다는 어떤 내용도 드러난 것은 없다.

느닷없이 호출된 박지원 의원은 2017년에 서산·온금지구 재개발 사업 추진에 대한 반대 입장을 표명했다고 한다. 그런데 어째서 손혜원은 박지원에게 검찰 조사를 받자고 한 것인지에 대해서는 아무런 설명이 없었다. 일단은 음모론 프레임을 작동시켜 자신이 불의한 세력에 박해당하고 있음을 부각하려는 의도였던 셈이다.

손혜원이 목포 구도심에서 수십 채의 건물을 매집買集하고 국회의원으로서 그곳에 대한 정부 지원을 요구해온 일은 법적으로 문제가 있다고 1심 법원은 판단했다. 상급심의 결과가 어떻게 되는

지와는 별개로, 자신이 불을 지핀 음모론의 실체에 대해서는 책임을 져야 하지만 역시 아니면 말고식으로 지나간다.

음모론은 극단적인 진영 논리와 둘도 없는 파트너다. 음모론은 '사실'보다 '신념'을 우선하는 사람들을 자극한다. 상대를 음모 세력의 하수인으로 낙인찍음으로써, 음모 세력에 대한 우리 진영의 분노를 자극하며 궐기할 것을 호소한다. 그 배후 세력이 실존하는가 하는 실체적인 진실보다는 '내 편'과 '네 편'의 대결에서 누가이기는지에 대한 관심만이 남게 된다.

사람들이 음모론의 신봉자가 되는 이유

터무니없는 음모론이 위세를 떨치는 이유는 무엇일까? 움베르토 에코Umberto Eco는 『프라하의 묘지』에 관한 한 인터뷰에서 음모론에 대해 이렇게 말한 적이 있다.

"역사를 바꾼 큰 거짓들은 내가 알기로 모두 거짓임이 입증되었다. 그런데 무엇보다 놀라운 사실은 우리가 어떤 것이 거짓임을 입증해도 사람들은 그것을 계속 진실이라고 믿는다는 것이다."

왜 멀쩡한 사람들이, 정치에 대해 누구보다 잘 알고 있다고 믿는 사람들이 전혀 근거도 없는 음모론의 신봉자가 되는 것일까? 내가 증오하는 상대방이 악마가 되는 시나리오를 믿고 싶은 마음이 워낙 강해서 다른 이성적인 판단을 압도하기 때문이다. 이는 자신이 평소에 갖고 있던 선악의 판단이 정당했음을 뒷받침해주는 심리적 근거가 된다. '그것 봐라, 그들은 이렇게 악마가 아닌가!' 캐스 선스타인Cass R. Sunstein은 『누가 진실을 말하는가』에서 음모론에 의존하는 사람들의 심리를 이렇게 설명한다.

"누군가가 우리의 가장 확고한 신념을 부정하면, 우리는 보통 그 신념에 더욱더 강하게 집착하는 식으로 반응한다. 그런 식으로 반응하는 한 가지 이유는 우리에게 동기가 부여되기 때문이다. 우리가 무엇인가를 깊이 믿게 되면 자연히 정서적으로 강한 애착을 갖게 되고, 그 믿음이 공격을 당하면 더욱 열렬히 거기에 매달리게 된다."

음모론이 힘을 얻는 것은 단지 정보의 폭포 효과 때문만은 아니다. 때때로 사람들은 다른 사람들의 비위를 맞추기 위해서나 따돌림을 당하지 않기 위해 음모론을 믿는 척하거나 적어도 자신의 의구심을 잘 드러내지 않는다. 평판에 대한 압력도 음모론을 수용하는 이유로 작용하며, 음모의 폭포 효과를 부추긴다. 평판의 폭포 효과가 나타나면, 사람들은 무엇이 옳은지 스스로 안다고 생각하더라도 남들에게서 좋은 평판을 듣기 위해 다수의 의견에 따른다. 그렇기 때문에 음모론이 들끓는다고 캐스 선스타인은 분석한다.

그러니까 음모론을 믿지 않으면 자기가 속한 집단에서 소외되는 것을 두려워한다. 우리 사회에서 음모론이 유행처럼 번지는 이유도 그러한 것이다. 음모론을 신봉하는 집단 내에서는 그것을 알고 있음을 드러내는 일 자체가 자신이 집단의 일원임을 확인시켜주는 심리적 기제가 된다.

음모론은 오랜 역사를 갖고 있고, 우리뿐만 아니라 세계 각지에서 풍미했다. 음모론을 분석한 톄거鐵戈는 『대중은 왜 음모론에 끌리는가』에서 이렇게 말한다. "음모론자들의 논리대로라면, 가령 어느 해 한 도시의 사망률이 예년보다 훨씬 많다면 사람들의 죽음 뒤에 장의사들의 음모가 숨어 있을 것이라는 추측도 가능하다."

우스갯소리처럼 들리기도 하지만, 역사에 등장했던 음모론을 돌아보면 그런 비유가 과장된 것만은 아니다. 유대인들이 모여 세계 정복을 모의했다는 「시온 의정서」라는 조작된 문서가 출판된 뒤 나치는 그것을 근거로 유대인 600만 명을 학살했다. 요제프 괴벨스Joseph Goebbels는 「시온 의정서」에 대해 "지금도 처음 출간되었을 때처럼 신선하다"고 격찬했다. 그에게 「시온 의정서」에 담긴 음모론은 유대인을 절멸시키기 위한 가장 강력하고도 효과적인 명분이었던 셈이다.

이처럼 음모론은 학살의 무기로, 죄악의 핑계로 언제든지 돌변할 수 있다. 그래서 음모론이 무서운 것이다. 음모론자들은 상대를 악마화하고 낙인찍음으로써 도덕적 우위를 점하려 하고 자신의 가해 행동마저 정당화하려고 한다.

트럼프의 음모론과 미국 민주주의의 굴욕

최근 미국에서 횡행했던 음모론은 우리에게도 반면교사가 된다. 선거 부정 음모론을 제기하며 대선 결과에 불복했던 도널드 트럼프Donald Trump는 음모론으로 시작해서 음모론으로 끝난 대통령이 되었다. 그는 미국 민주주의의 치욕스러운 인물로 기록되고 말았다. 그의 미치광이 선동은 마침내 지지자들의 연방 의사당 난입 사태라는 최악의 상황을 낳고 말았다. 대통령 재임 기간은 물론이고 대선 패배 후에도 온갖 음모론을 꺼내들었던 트럼프의 뒤에는 극우 음모론자들의 집단인 '큐어넌QAnon'이 있었다.

익명의 극우주의자 '큐'라는 인물이 정부 내부 인사를 자처하며 각종 음모론이 담긴 글을 올렸고, 이를 추종하는 사람들이 정치 세력으로 성장하면서 큐어넌이 탄생했다. 이들은 미국 민주당과 연결된 비밀집단 '딥 스테이트Deep State'가 정부를 통제하고 있으며, 트럼프가 미국을 구하기 위해 이들과 맞서 싸운다는 음모론을 신봉했다. 큐어넌의 대표적인 3대 음모론은 코로나19 조작설, 마스크·백신 무용론, 딥 스테이트의 선거 조작과 언론 장악설이었다. 트럼프는 재임 기간 내내 이들의 미치광이 선동을 수수방관했고, 그 결과 지지자들이 연방 의사당에 난입해 미국 민주주의를 파괴하도록 만든 괴물이 되어버린 것이다.

버락 오바마Barack Obama는 미국 사회의 분열이 광적인 음모론과 진실의 쇠퇴에 있다고 지적했는데, 이는 트럼프 시대가 낳은 퇴행을 잘 설명해주고 있다. 오바마는 "미국 내 분열의 책임이 정치적으로 득이 된다고 판단해 분열을 부채질한 트럼프에게 있다"며 그를 비판했다. 진실이 아닌 광기의 음모론을 설파했던 트럼프는 결국 미국인들의 선택에 의해 몰락하게 되었다. 트럼프 시대의 비이성적인 음모론을 지켜보고 비웃던 우리가, 정작 우리 사회 내부에 횡행하는 음모론에 대해서는 속수무책으로 방치했던 모습은 부끄러운 일이다.

우리가 사는 세상이 합리적인 이성이 이끄는 사회가 되기 위해서는 음모론의 영향력이 거세되어야 한다. 그런데 막상 음모론을 상대하는 것은 무척 피곤하고 힘든 일이다. 음모론을 제기한 쪽이 아니라, 졸지에 악마로 낙인찍힌 쪽이 음모가 아님을 입증해야 하는 처지가 되기 때문이다.

뜻하지 않게 진영 대결의 한복판에 서게 된 미투 피해 여성들과 언론들은 자신들의 보도에 배후가 없다고 설명하느라 곤욕을 치른다. 이 광경을 지켜본 사람들은 어떻게 생각할까? "우리는 앞으로 조심하자"는 것이 되기 쉽다. 우리가 그렇게 작아진다면 우리 사회는 자기검열의 늪에 갇히게 될 것이다. 죽은 권력뿐만 아니라, 잘못이 있다면 살아 있는 권력을 향해서도 과감히 질문을 던질 수 있는 사회, 그것이 그 추운 겨울에 우리가 촛불을 들며 만들고자 했던 사회가 아니었던가.

음모론에 맞서 진실을 찾는 노력은 우리 사회의 이성을 지키는 길이다. 진실을 찾기 위해서 우리가 할 일은 극단적인 주장에 휘둘리지 않고 오직 사실을 우선하는 태도를 갖는 것이다. 신념은 시간이 가면 변하는 주관적인 것이지만, 사실은 달라지지 않는 객관적인 것이다. 사실은 하나밖에 존재하지 않기 때문이다.

그래서 우리는 양극단의 주장을 일단은 의심하면서 나의 눈과 귀와 머리를 통해 사실을 확인하는 노력을 기울여야 한다. 프랑스 화가 구스타브 쿠르베Gustave Courbet는 천사를 그려달라는 교회의 주문에 이렇게 대답했다. "나에게 천사를 보여주시오. 그러면 천사를 그려주겠소." 쿠르베는 사상이나 관념에 따라 그림을 그리지 않고, 자신이 직접 눈으로 확인하고 느낀 것만을 그렸다.

우리도 자신이 직접 사실임을 확인한 것만을 믿는 태도가 음모론이 횡행하는 이 시대를 헤쳐나가는 길이다. 그렇지 않고 진실에 대한 판단을 진영의 집단사고에 위임하거나 진영 내 스피커들의 생각을 맹종하는 것은 노예 같은 의존적 삶의 태도다. 진실의 가치가 내동댕이쳐진 '탈진실의 시대'를 넘어서기 위해 우리는 진실이 무엇인지를 자기 힘으로 찾는 삶의 태도를 가져야 한다. 리 매킨타이어Lee Mcintyre는 『포스트 트루스』에서 그 이야기를 우리에게 하고 있다.

"적어도 우리는 거짓말을 마주하면 거짓말이라고 당당하게 말할 수 있어야 한다. 탈진실 시대를 살아가는 우리는 사실 문제를 모호하게 만들려는 그 어떤 시도에도 의문을 제기해야 하며 어떠한 거짓에도 맞서 싸워야 한다. 거짓이 내는 목소리가 아무리 크다고 할지라도 '진실'은 우리에게 맞서 싸울 힘을 준다. 당파적인 주장이 끝없이 이어지고 회의론이 시끄럽게 울려 퍼지는 시대라고 할지라도 '진실'은 결국 드러나기 마련이다."

죽은 지식인들의
사회

반지성주의의 바이러스가 창궐하다

이른 아침 시간에 포털사이트에 들어가보면 '김어준'의 이름이 실시간 검색순위에 올라와 있는 경우가 많다. 〈김어준의 뉴스공장〉을 듣는 사람이 많다는 이야기다. 〈김어준의 뉴스공장〉은 라디오 청취율 조사에서 1위를 달린다는 소식을 여러 차례 접했다. 이 프로그램이 공개방송을 하는 날이면, 이른 새벽부터 방청객이 몰릴 정도이니 그 인기가 얼마나 대단한지 짐작할 수 있다.

2012년 대통령 선거를 앞둔 무렵이었다. 하니TV(현재 한겨레 TV) 〈김어준의 뉴욕타임스〉에 2번 정도 출연한 적이 있었다. 그때 처음 보는 광경에 놀랐던 기억이 있다. 김어준은 자신은 일거수일투족을 항상 감시받고 있다는 식으로 이야기하는데, 방청객들은 매번 탄성을 지르며 진지하게 공감하는 것이었다. 그런데 그가 말하는 내용들은 내가 생각하기에는 황당하기 이를 데 없었다. 나는 그 장단에 맞추자니 내 이성이 허락하지 않고, 그렇다고 말이 안 된다고 하자니 분위기를 깨는 꼴이 되어버릴 수 있었다. 그래서 그런 이야기가 나오면 얼버무리며 다른 이야기로 돌렸다. 그런 내가 그쪽에서도 적임자가 아니라고 판단했을 것이고, 그 뒤로 김어준이 하는 방송에는 더는 출연할 일이 없었다. 그런데도 김어준이 진행하는 방송에 출연하는 것을 무척 자랑스러워하는 정치인도 많다고 한다.

김어준의 팬덤은 누가 뭐라 해도 그를 믿는다. "김어준이 그러더라." 논쟁이 되는 사안에 대해 팬덤이 흔히 하는 말이다. 그의 말이 가르침이고 교리가 되었다. 그는 의심받지 않는다. 그의 예언과는 다른 결과가 나와도, 그가 제기한 음모론이 사실이 아니어도, 그를 의심하지 않고 철석같이 믿는다.

김어준은 음모론이 사실이 아닌 것이 확인되어도 책임지고 사과하지 않는다. 그의 뒤에는 일편단심으로 믿어주고 성원해주는 팬덤이 있기 때문이다. 그러니 굳이 사과할 필요가 없다. 김어준이

"믿습니까!" 하면 그의 팬덤은 "믿습니다!"라며 손을 흔든다. 종교 집단에서나 일어날 수 있는 광경이다.

사실을 우선하는 이성적 사고의 견지에서 보면 김어준은 터무니없고 황당한 인물이다. 2012년 대선 부정 개표에서 세월호 고의 침몰설에 이르기까지 상상의 세계와 현실의 세계를 구분하지 못하는 독특한 정신세계를 갖고 있다. 그럼에도 그의 가르침을 따르는 사람이 제법 많다. 그러니 우리 사회에 지성은 설 자리가 없고 이성과 합리적 사고를 비웃는 반反지성주의가 전염병처럼 창궐하는 것이다. 이 반지성주의 바이러스를 막을 백신이 되어야 할 지성의 목소리는 좀처럼 들리지 않는다.

나의 청춘 시절에 많은 정신적 스승이 있었다. 그 시절의 시대정신을 말하던 지식인들의 글을 읽으며 내가 살던 시대를 이해했고 어떻게 살 것인지를 고민했다. 물론 그 시절 가졌던 진보적인 생각에서 지금의 나는 많은 변화가 있었지만, 어쨌든 당대 지식인들의 글을 읽으며 내 머리로 그 시대를 생각하려고 했다. 그런데 그런 지식인들이 이제는 보이지 않는다.

지식인들이 침묵하는 사회

한동안 풍미했던 '진중권 현상'도 그런 환경에서 가능한 것이었다. 나는 진중권의 자극적이고 단정적인 어법까지 좋아하지는 않지만, 그가 말하고자 했던 메시지와 방향은 나와 비슷한 면이 있었다. 다른 많은 지식인이 일그러진 진보의 얼굴에 대해 통렬하게 비판했다면, 유독 진중권만이 그토록 주목받을 이유는 없었을 것이다. 성역 없는 비판을 하는 지식인들이 거의 없는 현실이 그를 '스타 논객'으로 부상시킨 점도 있었을 것이다. "수많은 사람들이 얘기를 하고 싶은데 겁이 나서 얘기를 못하는 부분들도 있다"던 진중권의 말에서, 용기가 있어야 발언할 수 있는 우리 시대의 모습을 읽을 수 있다.

적폐의 시대였던 이명박과 박근혜 정부 시절, 우리는 권력의 혹독한 검열에 시달려야 했다. 권력에 대한 비판을 불온시하는 검열은 항상적이었고 때로는 폭력적이기까지 했다. 인터넷 논객 미네르바가 감옥에 갔고 많은 언론인이 수난을 당했다. 과거의 두 정권을 거치는 동안 나 같은 비판자들은 대부분의 방송에서 배제되었다. 그 시절에는 권력에 대해 입바른 소리를 하는 사람들은 블랙리스트에 올라 불이익을 당해야 했다.

그런 권력의 시대가 끝났다. 촛불의 승리로 권력은 민주화되었으니 권력에 의한 검열이 사라지리라고 믿었다. 그런데 그 자리에 자기검열이라는 말이 대신해서 들어섰다. 권력을 대신해서 비판의 입을 막으려는 지지자들이 새로운 검열 세력으로 등장한 것이다. 자신들의 대통령을 지켜주어야 한다는 신념은 정권에 대한 어떠한 비판도 용납하지 않는다. 논객들도, 교수들도, 작가들도, 언론인들도, 여당 정치인들도 모두 비판을 하지 못한다.

누구라도 정권을 비판해서 '우리 이니' 하고 싶은 대로 못하게 하면, 댓글과 문자 폭탄의 조리돌림을 당한다. 그런 그들을 향해 "덤벼라. 문빠들"이라고 외쳤던 『한겨레』의 안수찬 기자는 결국 사과하고 페이스북을 떠나야 했다. 그 이상 버텼다가는 언론사가 심각한 타격을 입을 것이 걱정되었기 때문이다. 여전히 권력을 비판하려면 모든 공격과 불이익을 감수할 용기가 필요한 시대다.

그렇게 끝없이 몰려오는 욕설과 저주 앞에서 위축되지 않을 사람은 그리 많지 않다. 개인의 소신과는 상관없이 조직을 위해 어쩔 수 없이 고개를 숙여야 할 경우도 많다. 시장에서 생존해야 한다면, 지지자들의 댓글 폭탄에 자기 보호 본능이 발동될 수밖에 없다. 그래서 조심스러워지고 위축되며, 결국 눈치를 보게 된다. '모난 돌이 정 맞는다'는 말을 떠올리며 서로가 도드라지지 않으려 한다. 그러니 비판은 날카로움을 잃고 무뎌진다.

자기검열에 길들여진 지식인들

권력의 노골적인 검열에 대처하는 방법은 의외로 단순하다. 저항할 것인가? 복종할 것인가? 두 가지 중에서 하나를 택하면 된다.

그리 복잡할 것이 없다. 의로운 양심을 가진 사람이라면, 검열에 굴복하지 않고 저항하면 되는 일이다. 하지만 자기검열을 하는 시대의 생존법은 무척 복잡하다. 그것이 외부의 공격에 대한 눈치 보기인지, 아니면 자기 내면의 판단에 의한 것인지를 가리는 것이 스스로 어렵기 때문이다. 자신을 감시하는 누군가를 의식하면서 글을 쓰거나 누군가에게서 가해지는 온갖 인신공격을 감내하는 것은 무척 피곤한 일이다. 누구나 날 선 긴장을 오래 유지하기는 쉽지 않기에, 적당한 선에서 타협한다.

그러다 보면 결국 자기검열의 내면화는 일상이 되고 만다. 세상에 관해 글을 쓰는 사람들에게는 자기검열의 시대를 어떻게 살아야 하는지에 대한 새로운 고민이 생겨났다. 그 고민을 하던 많은 지식인은 침묵이라는 손쉬운 길을 택한다. 그래서 독립적이고 비판적인 지식인들은 찾아보기 어렵고, 무조건 정권의 방패가 되는 어용 지식인들만 활개를 친다. 마갈리 로텔Magaly Lhotel은 『검열에 관한 검은 책』에서 이렇게 말한다.

"자기검열은 저자나 기자의 생각을 뿌리부터 뽑아버린다는 점에서 폭력적인 검열보다 더 나쁘다. 검열은 판결이든 법이든 유혈이든 흔적을 남기지만, 자기검열은 흔적을 남기지 않는다. 이는 처음부터 아예 없던 것으로 만들어버린다. 자기검열된 것은 세상에 존재하지 않았던 것이 된다. 자기검열은 눈에 보이지 않는 검열이다."

오직 자신의 양심에 따른 선택이 아니라면, 검열에 '좋은 검열'

과 '나쁜 검열'이 따로 있는 것은 아닐 것이다. 스스로 점검하되 누구에게도 길들여지지 않는 것이 새로운 시대의 작문법이 되어야 한다. 플라톤의 『국가』에는 검열에 관한 이야기가 나온다. 소크라테스는 호메로스 등의 시가詩歌에 대한 검열이 필요하다고 말한다.

"우리는 호메로스에게 그리고 다른 시인들에게, 비록 우리가 이런 구절들이나 또는 이와 같은 유의 모든 구절을 줄을 그어 지워버린다 할지라도 결코 화를 내지 않도록 간청할 걸세. 이는 그것들이 시답지 못하다거나 또는 많은 사람들이 듣기에 즐겁지 못한 것이어서가 아니라, 그것들이 한결 시적일수록 그만큼 더 아이들이고 어른들이고 간에 듣지 않도록 되어야만 하기 때문이네."

플라톤은 『국가』에서 호메로스를 수없이 인용했다. 그러면서도 그의 시가를 사람들이 못 듣도록 해야 한다는 말을 소크라테스의 입을 빌려 한 이유는 무엇일까? 그것은 세계관의 차이였다. 시간이 갈수록 호메로스의 영향력이 커지자, 플라톤은 그의 시가에 등장하는 신과 영웅은 음모와 질투와 전쟁을 일삼았고 결코 도덕적으로 훌륭한 정의의 구현자가 아니라고 보았다. 자기 시대를 극복하고 진정한 정의를 찾으려 했던 플라톤은 그리스 사람들이 호메로스의 시가를 듣는 것은 해악이라고 생각했던 것이다.

하지만 플라톤이 예상하지 못한 것이 있었다. 호메로스의 시가에 대한 검열을 말했던 플라톤은 다시 아리스토텔레스에 의해 부정되었고, 아리스토텔레스는 다시 코페르니쿠스와 갈릴레이에 의해 부정되었다. 그렇게 선행했던 세계관이 부정되는 가운데 지성의 역사는 발전해왔다. 그러니 한 시대를 풍미하는 어떤 가치가 무한할 것을 기대해서는 안 된다. 모든 생각과 가치는 그 시대를 통과하고 나면 다시 평가받을 각오를 해야 한다. 당대를 이끌었던 가치의 운명은 결국 역사 속에 내맡겨진다. 그래서 모든 가치는 그 시대를 뛰어넘을 수 없고 유한할 수밖에 없다.

하물며 정치적인 가치나 신념은 두말할 나위가 있겠는가? 구성원 저마다의 정치적 가치와 신념이 다른 사회에서 서로 다른 주장과 의견이 교차하는 것은 당연한 일이다. 거기서 어느 한쪽에 서지 않는다고 해서, 혹은 그 편이 하는 일에 감히 시비를 건다고 해서 돌팔매질과 같은 검열을 당하는 곳은 반지성주의 사회다.

조지 오웰이 말한 정치적 거리두기

문재인 정부 들어 진보적 지식인들과 시민단체들의 침묵이 이어지고 있다. 아예 문재인 정부가 하는 일이면 무조건 지지하고 나서는 사람들은 그렇다 치자. 참여연대나 민주사회를위한변호사모임(민변) 등과 같이 한국 사회의 부패와 비리에 대해 엄정한 태도를 취해왔던 단체와 구성원들이 정권의 잘못에 대해서는 말을 아끼는 모습을 보인다. 이미 자기 구성원의 다수가 정권에 진출한 현실에서 어쩔 도리가 없었겠지만, 이는 이중 잣대라는 비판을 피하기 어렵다.

조국 사태로 촉발된 입시 비리와 불공정의 문제, 윤석열 몰아내기 과정에서 드러난 민주주의 훼손의 문제 등에 대해 진보적 지식인들과 단체들은 응당 입을 열었어야 했다. 그들은 과거 정권에서 그런 일이 있었을 때 앞장서서 비판하고 규탄했다. 최순실의 딸 정유라가 대학 입시 서류를 위조하고 경력을 조작한 것이 드러났다면 어떤 일이 벌어졌을까? 아마도 최순실과 정유라를 규탄하는 목소리들이 진보 세력 안에서 차고 넘쳤을 것이다. 그런데 진보 진영의 내부는 조용하기만 했다. 빗발치는 여론에 못 이겨 가끔씩 원론적인 입장을 표명하는 정도로 스치듯 지나갔다.

그것은 자기들끼리 너무도 얽히고설켰기 때문이다. 문재인 정부가 들어선 이래 참여연대와 민변을 비롯한 진보적 시민단체의 사람들이 대거 청와대와 정부와 여당으로 들어갔다. 진보적 학자들은 정부 산하 각종 위원회에 참여하고 있다. 정부기관들이 발주하는 여러 가지 용역과도 관계를 맺고 있다. 이제는 단지 진보라는 이념공동체를 넘어 이익을 함께하는 이익공동체가 된 것이다. 정권이 살아야 나의 명예와 입신 출세와 이익을 지킬 수 있게 되었으니, 정권의 잘못을 비판하는 일은 나의 이익을 포기하는 일이 된다.

지난 정권 시절 권력의 조그마한 비리만 있어도 참지 않고 분노의 언어를 쏟아냈던 지식인들이 대부분 입을 닫아버렸다. 오히려 진보임을 자임하던 사람들이 권력과의 거리두기를 포기하고 '한 솥밥을 먹는 식구'가 되어버렸다. 서로 너무 가까워져서 원팀이 되고 말았다.

지식인들의 도덕적 모순과 위선을 비판했던 폴 존슨Paul Johnson은 『지식의 두 얼굴』에서 지식인들이 집단적인 의견을 내놓으려고 할 때는 그들을 특별한 의혹의 대상으로 삼아야 한다고 말한다.

"지식인들의 위원회를, 회의를, 연맹을 경계하라. 그들의 이름이 빽빽하게 박힌 성명서를 의심하라. 정치 지도자와 중요한 사건에 대해 내린 그들의 평결을 무시하라."

조지 오웰George Orwell은 권력의 주변에서 위선과 표변을 일삼는 지식인들을 고발하는 작품을 많이 썼다. 그가 비판의 날을 가장 벼린 사람은 주로 좌파 지식인들이었다. 그는 특정 정당이나 정치 운동과는 늘 거리를 두었다. "정서적으로 나는 분명 좌파이지만 작가는 정당 이름에서 자유로울 때만이 정직하게 남을 수 있다"는 것이 그의 신조였다. 우리에게는 그런 오웰이 너무도 적어졌다.

권력은 왜 자신을 피해자라고
생각할까?

조국을 '예수'라고 추앙하는 사람들

정경심 교수에 대한 1심 실형 선고가 나온 뒤, 음식평론가 황교익은 "골고다 언덕길을 조국과 그의 가족이 걸어가고 있다. 가시 왕관이 씌워졌고 십자가를 짊어졌다"면서 "검찰 개혁 않겠다 했으면, 법무부 장관 않겠다 했으면 걷지 않았을 길이다. 예수의 길이다. 예수가 함께 걷고 계시다"라고 말했다. 조국은 검찰을 개혁하려다가 박해를 받아야 했던 순교자였다는 이야기다. 또 이연주

변호사는 정경심을 예수에 비유하며 "예수 그리스도가 박해받은 이유가 그러하듯이, 죄 많은 자들은 자신의 죄보다는 그 죄악을 들추고 없애려는 자를 더 미워하는 법"이라고 말했다.

11개 혐의에 대해 유죄 판단을 내린 법원의 판결과는 상관없이, 박해받는 순교자임을 강변하는 목소리는 흔한 것이 되어버렸다. 당장 조국부터 스스로 그렇게 생각하고 있었다. 그는 판결 직후 "가시밭길을 가겠다"라고 말했다. 그러고 나서 즉각 항소하겠다며 "이런 시련은 어쩌면 피할 수 없는 운명이 됐나 보다"라고 자신의 심경을 밝혔다. 법원이 571쪽에 달하는 판결문을 통해 조목조목 지적한 거짓 주장들에 대한 사과 같은 것은 찾아볼 수 없었다.

십자가를 지고 골고다의 언덕을 오르던 예수가 언제 그런 거짓말을 했을까? 진작부터 조국은 자신이 검찰 개혁을 위한 순교자임을 강조하는 의미의 메시지들을 계속해서 전해왔다. 자신이 촛불 속에 불타고 있으며, '검찰 개혁'이라고 적힌 폭약 심지에 촛불로 불을 붙이는 그림을 공유하기도 했다. 그가 박해받는 피해자라는 서사는 여당 정치인들에 의해 이어진다.

조국이 검찰 권력에 의해 박해받고 있다고 믿는 사람들은 판결문에 나오는 구체적인 사실 관계에 대해서는 아무 말 없이, 그를 향한 변함없는 믿음만을 표현하고 있었다. 사실에는 입을 닫고 믿음만이 넘친다.

추미애가 '이순신 장군'이라는 대학 교수

법무부 장관에 취임하고 1년 내내 윤석열 몰아내기에 몰두하다가 결국 민심 악화의 책임을 지고 사퇴해야 했던 추미애도 자기 자신을 순교자처럼 여기는 글을 SNS에 계속 올렸다. 그의 SNS에는 "휘어지면서 바람을 이겨내는 대나무보다는 바람에 부서지는 참나무로 살겠습니다!"라는 글이 큼지막하게 쓰여 있었다. 자신은 '바람에 부서지는 참나무'인 것이다. 바람 앞에서 휘어지기보다 부서지기를 선택한 추미애의 비장함은 계속 이어진다.

"모든 것을 바친다 했는데도 아직도 조각으로 남아 있습니다. 산산조각이 나더라도 공명정대한 세상을 향한 꿈이었습니다." "그날이 쉽게 오지 않음을 알았어도 또한 그날이 꼭 와야 한다는 것도 절실하게 깨달았습니다." "검찰 개혁의 과제를 반드시 이루어야 한다는 절박한 국민의 염원을 외면할 수 없기에 저의 소명으로 알고 받아들였던 것입니다. 그렇기에 설사 부서지고 상처가 나도 이겨내려고 합니다만 저도 사람인지라 힘들고 외로울 때도 있고, 저로 인해 피해를 보는 가족들과 주위 사람들에게 많이 미안합니다."

법무부 장관이라는 우월적 지위와 권력을 십분 이용해 법규를 뛰어넘어 윤석열 몰아내기를 밀어붙였던 추미애가 이렇게 부당하게 핍박받는 피해자처럼 말하는 모습이 얼마나 공감을 얻을 수 있을까? 1년 동안 추미애는 약자가 아닌 강자였고, 피해자가 아닌 가해자였다. 그렇게 자기 마음대로 권력을 휘둘렀던 사람이 어디 또 있었던가? 윤석열과의 싸움에서 추미애가 패배해 사퇴하게 된 것은 그가 약자여서가 아니라, 민심이 등을 돌려 고립된 권력이 되어버렸기 때문이다. "추미애 장관이 2020년 이순신 장군"이라던 최배근(건국대학교 교수) 같은 사람들의 칭송이 있었으니 그런 초현실적인 상상도 가능했을 것이다.

절대권력의 피해자 코스프레

비단 조국과 추미애에게만 해당되는 이야기는 아니다. 문재인 정부 들어서 유난히도 집권 세력은 자신들이 피해자인 것으로 생각하는 모습을 많이 보였다. 언제나 보수 야당과 보수 언론과 검찰에 의해 공격받는 약자인 것으로 생각하는 것 같았다. 그들의 말을 들으면 아직도 독재정권에 의해 모진 탄압을 받는 민주투사들이다. 그러나 지금처럼 막강한 권력을 갖고 있는 집권 세력이 어떻게 약자일 수 있겠는가? 그것은 사실과는 거리가 먼 피해자 코스프레일 뿐이다.

권력을 가진 사람들 혹은 그 주변에서 빈번하게 등장하는 피해자 코스프레는 진실의 영역에서 따지자면 허구에 불과하다. 박해받는 피해자라고 스스로 주장하는 그들은 사실은 절대권력이다.

문재인 정부에서 핵심적인 권력에 있었던 이들은 강자 중의 강자다. 생각해보자. 1987년 민주화 이후 어느 집권 세력이 지금처럼 절대권력을 차지한 적이 있었던가? 대통령이 이끄는 정부뿐만 아니라 국회는 180석에 달하는 여당 의원들이 장악하고 있다. 전국의 지방자치단체와 지방의회도 모두 여당이 압도적인 우위를 점하고 있다. 헌법재판소와 대법원의 인적 구성도 정부 여당에 유리하게 되어 있다. 공영방송도 집권 세력의 편에 서 있다. 현재의 집권 세력은 마음만 먹으면 거의 모든 일을 자기 마음대로 할 수 있다.

정경심의 입시 서류 위조와 경력 조작 행위로 인해 많은 청년의 가슴에는 좌절과 분노의 못이 박혀버렸다. 정경심의 증거 은닉 행위에 얼떨결에 가담했다가 유죄 판결을 받은 김경록 같은 사람은 도대체 무슨 죄란 말인가? 진실과 인간적 의리 사이에서 어떤 것을 선택해야 하는지를 놓고 고민해야 했던 증인들과 제자에게 불리한 진술을 하면서 고뇌했을 은사는 조국 부부의 위법행위로 인한 피해자들이었다. 순교자 행세를 할 일이 아니라, 자신들로 인해 고통받은 모든 사람에게 미안해하며 사과할 일이다.

추미애도 마찬가지였다. 살아 있는 권력에 대한 수사에 참여했다는 이유로 좌천당했던 수많은 검사, 윤석열과 가깝다는 이유로 감찰과 수사를 받아야 했던 검사, 법과 절차를 무시한 장관의 권력에 화를 참으며 견뎌야 했던 많은 국민은 추미애의 일탈 행위로 인한 피해자들이었다. 어떻게 그런 수많은 피해자의 존재를 외면한 채 거꾸로 박해받는 순교자라고 말할 수 있는가?

그렇게 한국 정치는 사실을 밝히는 영역에서 벗어나 믿음으로 모든 것을 판단하는 신앙의 영역으로 가버리고 말았다. 권력을 가진 사람들의 피해자 코스프레는 한국 정치가 신앙의 영역에 갇혀버렸음을 말해주는 상징적인 장면이다.

책임 회피를 위한 피해자 역할극

절대권력을 가진 사람들이 왜 자꾸 피해자 코스프레를 하는 것일까? 그것은 책임 회피를 통해 자신을 정당화하려는 정치적 기제다. 독일의 심리학자 야야 헤룹스트Jaya Herbst는 『피해의식의 심리학』에서 '피해자의 역할'에 대해 설명한다. 과거의 상처나 절망으로 인한 정신적 결핍감에서 생긴 피해의식은 자신의 책임을 다른 사람에게 떠넘기려는 태도를 지닌다. 피해의식을 가진 이들은 자신이 피해자라는 생각으로 항상 불만에 가득 차 있다. 그래서 큰소리로 불평을 늘어놓거나 미묘한 방식으로 자신의 감정을 드러내며 은근히 불만을 표시한다.

또한 자신들의 공격적인 성향이나 행위를 정당화한다. 따라서 사람들은 부모를 탓하고, 환경을 탓하고, 세상을 탓한다. 헤룹스트는 이를 두고 '피해자의 역할'이라고 정의한다. 즉, 자신의 고통과 불행의 원인을 외부에서 찾음으로써 책임 회피와 보상 심리를 충족시키기 위한 일종의 역할극을 한다는 것이다.

그동안 문재인 정부의 집권 세력이 보여준 피해자 코스프레도 헤롭스트의 이야기와 다르지 않다. 자신들의 잘못이나 위법행위가 드러나면, 그 책임을 인정하지 않고 외부의 공격이 만들어낸 것이라고 강변한다. 권력 내부 인사들의 비리나 위법행위는 적폐 검찰에 의한 탄압이다. 부동산 정책 실패는 투기꾼들 때문이지 잘못된 정책 때문이 아니다. 피해자 코스프레는 우리는 떳떳하다는 보상 심리를 낳고, 지지자들에게 동정을 유발하며, 그들을 결집시키는 효과를 거둔다.

이러한 선동은 과거 나치 시대의 권력이 해왔던 행위와 본질적으로 유사하다. 나치 정권은 '유대인은 독일인을 착취하는 가해자'라는 의식을 국민들에게 주입시켰다. 그 결과 독일 국민들은 자신들이 가해자라는 생각을 하지 않고, 오히려 유대인에게서 자신들을 지켜야 한다는 생각에만 갇히게 되었다.

이러한 피해자 코스프레를 통한 선동은 그 사회가 지켜왔던 옳고 그름의 가치를 전복시킨다. 가해자가 피해자로 행세하고, 피해자가 가해자로 모략당한다. 정의가 무너져서 뒤죽박죽이 되어버린 현실에서 누가 옳고 그른지를 분간하는 것은 무척 어려운 일이 되고 만다. 피해자 코스프레가 그 사회에 커다란 해악을 끼치는 이유다.

제2부

정치의
두 얼굴

"정의로운 것을 강하게 만들 수 없었던 우리는
강한 것을 정의로운 것으로 만들어왔다."

★★★ 블레즈 파스칼Blaise Pascal

문재인은 노무현의 꿈을
실현했는가?

문재인에게 노무현은 무엇이었을까?

2017년 대선을 치를 때 문재인 후보가 대통령이 되면 '노무현 정부 시즌 2'가 될 것이라는 말이 나돌았다. 그럴 만도 한 것이 문재인은 노무현의 오랜 친구이자 대통령 비서실장을 지내면서 가장 가까운 거리에서 그를 지켜보았던 사람이다. 무엇보다 문재인은 그때나 지금이나 노무현과 같은 정치적 이상과 목표를 갖고 있다. 그러니 '문재인 정부는 제2의 노무현 정부'라는 세간의 시선도 무리는 아니었다.

그러나 그러한 등식에는 상이한 여러 생각이 뒤섞여 있었다. '노무현 정부 시즌 2'라는 말은 지지자들에게는 노무현 정부가 쌓은 공功의 계승에 대한 기대, 반대자들에게는 노무현 정부가 낳은 과過의 반복에 대한 우려를 담은 의미였다. 모든 정권에는 공과가 함께 있는 법이고, 노무현 정부도 예외는 아니었다. 어느 것에 주목할 것인지는 사람마다 다르다. 그러면 문재인에게 노무현은 무엇이었을까?

문재인은 노무현이 꿈꾸었던 나라를 "민주주의와 인권과 복지가 정상적으로 작동하는 나라, 지역주의와 이념 갈등, 차별의 비정상이 없는 나라"로 요약한 바 있다. 문재인은 기본적으로 노무현의 그러한 꿈을 계승하고 발전시켜왔다. 특히 민주주의와 인권·복지, 한반도 평화에 대한 문재인의 사고와 정책은 노무현 정부의 그것을 넘어서려고 했던 것으로 보인다.

노무현이 미처 다 이루지 못했던 꿈을 이루려고 문재인은 분투해왔다. 게다가 돌출적인 말 때문에 시빗거리가 되었던 노무현과는 달리, 문재인은 절제된 언어로 안정감을 주는 대통령이 되었다. 하지만 노무현 정부의 공은 계승하고 과는 극복하는 것이 문재인 정부의 몫이라면, 이러한 성과는 필요조건이지 충분조건이 되지는 못한다. 노무현 정부가 드러냈던 한계들을 어떻게 성찰적으로 극복해 나가느냐에 문재인 정부의 성패도 달려 있는 것이다.

노무현은 자신의 꿈을 이루지 못한 채 임기를 마쳤다. 민심은 가슴이 뜨거운 대통령의 언행을 받아들이지 못했고, 당시 야당인 한나라당이 쳐놓은 벽은 시간이 갈수록 높아졌다. 그러한 장애물을 넘어서서 자신이 꿈꾸었던 나라를 만들기에는 노무현에게 남아 있는 힘이 없었다. 그래서 그의 꿈은 좌절된 미완의 것으로 끝나고 말았다. 그 뼈아픈 좌절을 반복하지 않는 것은 새로운 도전 의지만으로 가능하지 않다. 당시의 국정 운영에 대한 성찰이 필요하다.

문재인은 노무현 전 대통령 8주기 추도식에서 "우리는 이명박·박근혜 정부뿐 아니라, 김대중·노무현 정부까지, 지난 20년 전체를 성찰하며 성공의 길로 나아갈 것"이라고 말했다. 또 "우리의 꿈을, 참여정부를 뛰어넘어 완전히 새로운 대한민국, 나라다운 나라로 확장해야" 한다고 말했다. 자신이 몸담았던 노무현 정부까지도 성찰하며 뛰어넘겠다는 문재인의 다짐은 새로운 변화에 대한 기대를 낳기도 했다. 그 변화의 요체는 노무현 정부가 이룬 성과는 계승하되, 한계를 얼마나 직시하고 더 나아간 모습을 보이느냐 하는 것이었다.

임기 말의 노무현 정부는 민심 이반 속에서 무력한 지경에 처했고, 결국 2007년 대선에서 압도적인 표 차이로 정권은 한나라당에 넘어갔다. 노무현 정부가 임기를 마쳤을 때 집권 세력 내에서 "우리는 폐족"이라는 말이 나올 정도로 민심의 평가는 싸늘했다.

하지만 2009년 5월 노무현이 서거한 이후 여론은 반전되었다.

인간 노무현을 죽음으로 내몬 이명박 정부의 보복성 수사에 대한 분노가 확산되었고, 그 분위기 속에서 노무현 정부 5년에 대한 객관적인 평가는 유예되었다. 공은 말하지만 차마 고인의 과는 말하기가 주저되는 상황이 되었다. 그래서 계승해야 할 노무현 정부의 공은 다들 말했지만, 극복해야 할 한계가 무엇이었는지에 대해서는 침묵의 시간이 길어졌다. 여전히 많은 사람의 가슴속에 자리하고 있는 '인간 노무현'의 뜨거웠던 삶과는 별개로 '대통령 노무현'의 성과와 한계를 균형 있게 평가하는 노력은 필요하다.

노무현이 남긴 '통합'을 방기하다

문재인 정부는 지난 정권의 국정 운영에 대해 객관적으로 평가받을 시간을 제대로 갖지 못했다는 점에서 노무현 정부와 공통점을 갖고 있다. 노무현이 추모의 정서 속에서 객관적인 평가의 대상에서 벗어났다면, 문재인은 박근혜 정부의 적폐에 대한 국민적 분노를 등에 업고 전폭적인 지지를 받으며 집권 전반기를 보냈다. 하지만 성찰과 비판이 거세된 무조건적 지지는 국정 운영에서 생겨난 문제점들을 적시에 개선해나갈 기회를 막아버렸다.

사실 노무현을 말할 때 떠오르는 키워드는 원칙과 상식, 탈권위주의, 시민주권 등이다. 그중에서 한국 정치 현실과 관련해 이루고 자 했던 큰 꿈은 통합이라는 말로 표현할 수 있다. 노무현이 임기 중에 느닷없이 한나라당과의 대연정大聯政을 제안해 논란거리가 되었다. 당시 한나라당은 거부했지만, 지지층 내부에서 반발은 대단했다. 논란이 확산되자 2005년 7월 29일 노무현은 이런 설명을 내놓으며 자신의 진의를 전하려고 했다.

"제가 원하는 것은 대연정보다는 선거제도 개혁입니다. 선거제도 개혁을 아무리 하려고 해도 안 되니까 정권을 내놓는 한이 있더라도 꼭 선거제도를 고치고 싶습니다.……진정으로 제안하는 것은 선거제도를 고치자는 것입니다. 지역주의를 해소할 수 있는 선거제도를 만들자, 이 제안입니다."

한나라당과의 대연정이 선거제도 개혁을 통한 지역주의 해소와 국민 통합의 현실적 방안이었는지에 대해서는 논란이 많았지만, 적어도 노무현이 통합을 얼마나 절박하게 생각했는지를 이해할 수 있다. 문재인도 대선 과정에서 통합의 리더십을 말했다. "용광로에서 쇠를 녹이듯 과거의 잘못을 녹이고 탕평책을 펼쳐 국민 모두의 대통령이 되겠다"는 말을 유세장에서 하기도 했다. 하지만 집권 이후 현재까지 문재인이 통합을 얼마나 의식하고 실천했는지는 의문이다.

흔히 통합을 말하면 적폐 청산을 포기하는 것으로 해석하는 사람들이 있는데, 이는 잘못된 편견이다. 우리가 살고 있는 세상에 적폐 세력과 우리 편만이 있는 것은 아니다. 한국 사회에서 적폐를 걷어내는 작업을 하면서도 통합의 노력을 기울이는 길은 얼마든지 있다. 나와 별다른 인연이 없었어도 나라를 위해 손잡고 같이 가면 좋을 사람은 너무도 많다.

진영의 좁은 울타리에 갇힌 대통령

문재인은 그동안의 국정 운영에서 진영의 좁은 울타리를 벗어나지 못했다. 집권 초 적폐 청산에 대한 국민적 요구에 힘입어 지지율이 고공 행진을 했던 문재인 정부는 이를 자신들에 대한 절대적 지지로 착각해 모든 것을 우리끼리 해나갈 수 있다는 지나친 자신감, 달리 말하면 오만한 태도를 보이기 시작했다. 자유한국당 이외의 다른 야당들이 먼저 협치를 원하는 신호를 보냈는데도 청와대는 별 관심을 표하지 않았다. 엄청난 지지를 받고 있는 자신들끼리 충분히 해낼 수 있는데 굳이 야당에 손을 내밀 필요는 없다고 생각한 것 같다.

2017년 대선 이전에 구축되었던 탄핵연대의 기반을 보존하려는 노력을 기울이지 않은 것은 문재인 정부 스스로 비판 세력을 늘리는 결과를 낳았다. 통합의 리더십을 발휘해 손을 내미는 것은 힘이 있을 때 해야 의미가 있다. 이미 힘이 약해지기 시작하면 하고 싶어도 할 수 없다. 이제야 고개를 돌려보니 그 많았던 지지층이 크게 줄어들고 만 것이다.

문재인 정부의 가장 취약한 인사 문제도 진영의 울타리에 갇혀 자신들끼리 국정을 운영하려는 모습으로 비쳐졌다. 정치적 편 나누기는 선거 때는 유용하겠지만, 일단 집권하고 나면 전체를 아우를 수 있는 큰 리더십이 필요했다. 하지만 문재인 정부에서 행해졌던 고위직 인사에서는 정치적 '편'의 논리를 넘어 인재를 중용하는 탕평책을 찾아보기 어려웠다.

물론 국정 운영을 위해서는 가까운 사람들끼리 모여 일하는 것이 효율적인 측면은 있겠지만, 이는 정권의 폭과 기반을 스스로 좁혀놓는 결과를 낳게 된다. 그렇다고 문재인 정부의 고위직 인사가 도덕성 면에서 월등해 높은 점수를 받았던 것도 아니다. 국회 인사청문회 때마다 반복되었던 내로남불은 오히려 문재인 정부의 인재풀도 다를 바 없다는 회의론을 증폭시켰다(문재인은 2월 8일 외교부 장관으로 정의용을 임명하고, 2월 10일 문화체육관광부 장관으로 황희를 임명했는데, 이는 야당의 동의 없이 임명되는 28번째와 29번째 장관급 인사였다).

더 심각한 것은 청와대의 인사가 난맥을 빚어도 아무도 책임지지 않는 정치적 둔감증이었다. 이 또한 가까운 사람들끼리 국정을 운영하면서 엄정함보다는 관대함이 우선하는 정치적 해이에서 벌어진 일이었다. '청와대 정부'라는 힐난성 조어가 나돌아도 문재인 정부는 이를 고민하는 모습을 한 번도 보인 적이 없다.

노무현의 퇴임과 문재인의 취임 사이에는 10년의 세월이 있었다. 10년 전의 뼈아팠던 교훈을 생각한다면 다시 역사의 후퇴가 없도록 해야 할 책임이 문재인 정부에는 있었다. 그러나 문재인은 나라의 분열을 방치했고 통합의 리더십을 발휘하려 한 적이 없었다. 실제로 문재인이 분열된 나라를 통합의 길로 이끌기 위해 어떤 양보를 한 적이 거의 없다.

과거 노무현이 품었던 꿈을 이루기에는 집권 세력의 능력이 부족했다. 촛불 시민혁명을 거치면서 소멸 직전까지 갔던 보수 야당 세력이 부활해 집권 세력과 대등한 경쟁을 하는 상황으로 변화했다면, 그것도 야당이 특별히 잘해서가 아니라 정권에 대한 민심 이반의 결과라면, 이는 문재인 정부의 집권 세력에 심각한 문제가 있음을 의미한다.

문재인 정부와 여당에 압도적인 지지를 보냈던 많은 사람이 어째서 이제는 돌아서고 있는지, 그 이유에 대한 진지한 성찰이 필요하다. 집권 마지막 해를 앞둔 지금, 문재인은 자신의 동지 노무현이 못다 이룬 미완의 꿈에 얼마나 다가섰는지 냉정하게 돌아보아야 한다. 같은 실패를 두 번 한다면 퇴임 후 봉하마을을 찾아가 노무현에게 무슨 말을 할 수 있겠는가?

대통령이 보이지
않는다

나라가 아수라장인데 침묵하는 대통령

대통령이 보이지 않는다. 박근혜 대통령 시절의 이야기가 아니다. 이것은 문재인 대통령에 대한 이야기다. 2020년 1월에 신년 기자회견을 했던 문재인이 다시 기자회견을 한 것은 그로부터 1년이 지난 2021년 1월이었다. 차마 신년 기자회견도 하지 않을 수는 없었을 테니, 1년 만에 기자들과 문답을 주고받는 장면이 가능했던 것이다.

추미애가 윤석열의 직무 정지와 징계 청구 조치를 발표해 온 나라가 떠들썩해진 날, 청와대 강민석 대변인은 이런 문자 브리핑을 했다. "문 대통령은 법무부 장관 발표 직전에 관련 보고를 받았다. 그에 대해 별도의 언급은 없었다." 눈을 의심케 하는 내용이었다. 추미애의 조치를 둘러싸고 나라가 두 갈래로 찢겨 대결하고 있는데, 대통령은 보고를 받고도 아무런 말이 없었다니……. 나라가 아수라장인데 대통령은 수수방관하며 침묵하는 모습은 엽기적이기까지 하다.

조국 사태 때도 문재인은 그랬다. 결국 조국이 사퇴하고 나서 문재인은 조국에게 '마음의 빚'이 있다는 말을 남겼다. 자기 사람들을 향한 '마음의 빚'은 그렇게 안타까워하는 대통령이 어째서 국민을 향해서는 그런 빚을 의식하지 못하는 것일까? 추미애와 윤석열의 대립이 1년 가까이 계속되는 동안 문재인은 무책임하고 비겁했다.

그런데 추미애의 조치를 문재인이 재가했음을 의심하는 사람은 거의 없을 것이다. 대통령이 임명한 검찰총장을 대통령의 재가 없이 징계를 받아 물러나도록 할 수 있는 장관은 없을 것이기 때문이다. 자신이 재가한 조치에 대해서 언급을 피한 것이라면, 문재인은 윤석열에 대한 그런 조치가 무리하다는 따가운 시선을 의식했을 법하다.

대통령의 생각을 알 수가 없다

온 나라가 혼돈과 분열의 늪에 빠져 있는데, 대통령은 수수방관만 하고 있으니 그의 생각이 무엇인지 국민들은 알 길이 없었다. 윤석열에 대한 해임이 필요하다고 판단되면 국민 앞에서 당당하게 그 이유를 설명할 일이지, 위법 논란이 따르는 추미애의 조치에 대해 자신은 모른 척 침묵하는 것은 국민에 대한 도리가 아니다. 이러다 보니 요즘 문재인은 뭐하고 지내는지 정말 모르겠다는 소리가 나온다. 물론 뉴스를 보면 비서관이 준비해준 연설문을 건조하게 읽어나가는 그의 모습을 볼 수는 있지만, 국민이 궁금해하는 현안들에 대해 허심탄회하게 물어보고 소통할 수 있는 길은 막혀 있다.

대통령의 침묵에 대한 여론의 비판이 확산되고 급기야 지지율이 30퍼센트대로 추락하자 비로소 문재인은 입을 열었다. "방역과 민생에 너나없이 마음을 모아야 할 때에 혼란스러운 정국이 국민께 걱정을 끼치고 있어 대통령으로서 매우 죄송한 마음입니다." 2020년 12월 7일 청와대 수석·보좌관회의에서 문재인은 뒤늦게 대국민 사과를 했다. 그러나 구체적으로 무엇이 문제였는지에 대한 아무런 언급도 없는 막연한 사과였다. 그래서 여론의 악화를 의식해 마지못해 사과를 한 것 아니냐는 반응을 불러일으켰다.

문재인의 짧은 사과 뒤에는 권력기관의 개혁, 구체적으로 검찰 개혁의 필요성을 강조한 말들이 이어지고 그것이 "민주주의와 개혁을 위한 마지막 진통이 되기를 바란다"는 의미 부여를 함으로써 추미애에게 힘을 실어주는 듯했다. 사과는 하지만 하던 대로 계속하겠다는 통첩이었던 셈이다. 악화된 민심을 진정으로 존중했다면 그럴 수 있었을까?

박근혜 정부를 '숨 막히는 불통 정권'이라고 강하게 비판했던 문재인은 이제 자신이 불통 소리를 듣는 처지로 바뀌어버렸다. 문재인은 취임사에서 "군림하고 통치하는 대통령이 아니라 대화하고 소통하는 대통령이 되겠습니다"라고 약속했다. '국민과 수시로 소통하는 대통령이 되겠다, 주요 사안은 대통령이 직접 언론에 브리핑하겠다, 퇴근길에는 시장에 들러 마주치는 시민들과 격의 없는 대화를 나누겠다, 때로는 광화문 광장에서 대토론회를 열겠다.' 이 모두가 문재인이 취임하면서 했던 약속들이다. 그런가 하면 취임 후 첫 기자회견에서도 "중요한 내용은 대통령이 직접 말씀드리도록 하겠다"라고 약속했다.

박근혜의 '불통'을 비판했던 문재인의 '불통'

그러나 소통과 대화와 직접 브리핑의 약속은 모두 잊히고 말았다. 문재인의 직접 브리핑과 기자간담회를 합친 횟수는 임기 4년

이 가까워오는 2021년 2월까지 7회에 불과하다. 박근혜의 4회와 큰 차이가 없는 수준이다. 김대중과 노무현의 직접 브리핑과 기자 간담회 횟수가 각각 150회에 이르렀음을 감안하면, 문재인의 언론 기피증은 유난할 정도다. 전직 대통령들은 TV에 출연해서 '대통령과의 대화' 같은 소통의 기회를 마련하기도 했지만, 문재인은 그것도 없었다. 준비된 원고를 읽는 것 말고, 궁금해하고 때로는 따지고 싶은 사안들에 대해 국민이나 언론이 직접 묻고 대답을 들을 수 있는 기회 자체가 없었던 것이다.

국민들에게 사과할 일이 생겨도 직접 그 앞에 나타나 사과를 하지 않는다. 청와대 비서관들을 앉혀놓은 자리에서 간접 사과를 한다. 그러니 그냥 사과만 하는 대통령에게, "무엇이 잘못되었다고 생각하길래 사과하는 것인가?"라는 질문을 할 수가 없다. 우리는 왜 언제나 탁현민이 연출한 문재인의 모습만 보아야 하는가?

2021년 1월 신년 기자회견에서 '소통 노력이 부족하다'는 지적이 나오자, 문재인은 "어느 대통령보다 현장 방문을 많이 했다"며 부인했다. "반드시 기자회견만이 국민과의 소통이라고 생각하지 않는다. 소통의 한 방법"이라는 것이다. 그러나 대통령이 경호원들과 수행원들을 거느리고 방문하는 현장에서 과연 의미 있는 소통이 가능하다고 믿는 사람은 별로 없을 것이다. 그런 이벤트 성격이 강한 현장 방문을 소통이라고 말하는 문재인의 인식은 분명 문제가 있다.

대통령에 취임할 무렵만 해도 국민과의 소통을 다짐했던 문재인이 왜 이렇게까지 달라졌을지 생각해보았다. 아마도 자신의 생각을 자유롭게 말하기가 곤란해서 그러지 않았을까 하는 생각이 들었다. 문재인도 추미애의 행동에 무리가 따름을 전혀 모를 수는 없겠지만, 자신을 둘러싸고 있는 열성 지지층을 의식해서 다른 의견을 내놓고 말할 처지가 되지 못한다. 대통령조차 그들에게 끌려다니며 진영에 갇혀버린 포로가 된 셈이다. 호랑이 등에 타기는 탔는데, 호랑이 마음대로 달리는 것을 어찌할 수 없는 것이다.

문재인이 자신을 둘러싸고 있는 '문빠'들을 향해 다른 의견을 내놓거나 설득하는 일이 한 번이라도 있었던가? 대선 기간에 화제가 되었던 '양념' 발언은 열성 지지자들에 대한 대통령의 충성심을 표현한 것이었다. 그러니 문재인은 지지자들의 대통령, 진영의 대통령에 머무를 수밖에 없었다. 국민들이 하고 싶고 묻고 싶은 것이 쌓여가도 대통령에게 질문하거나 대답을 들을 수도 없다. 그러니 문재인이 무슨 생각을 하고 있는지 알 수가 없다. 2022년 1월이 되기 전에 다시 국민들이 지켜보는 가운데 문재인이 기자들과 문답을 주고받는 장면을 볼 수 있을까? 그것이 뭐 그리 어려운 일이라고, 소통에 대한 갈증을 국민들에게 안겨주는 것일까?

문재인도 피하지 못하는
레임덕

콘트리트 지지층의 해체

2020년 총선이 민주당의 역대급 압승으로 끝났을 때, 문재인은 레임덕lame duck 없는 최초의 대통령이 될 것이라는 이야기가 나왔다. 공룡 여당의 힘이 야당을 압도하는 환경에서 국정은 안정적으로 운영될 것 같았고, 결코 흩어지지 않는 콘크리트 지지층의 존재는 그러한 전망에 설득력을 더해 주었다. 그러나 그로부터 1년도 되지 않아 국정은 혼돈의 늪에 빠져버렸고, 지지층의 이반도 가속

화되었다.

　2020년 12월부터의 여론조사를 보면, 문재인의 지지율이 30퍼센트대로 추락하면서 집권 이래 최저치를 기록한 것으로 나타났다. 문재인의 대선 득표율이 41.08퍼센트였음을 감안하면, 지지율이 30퍼센트대로 하락한 것은 콘크리트 지지층의 일편단심을 마냥 믿을 수만은 없는 상황에 진입했음을 의미한다.

　문재인의 지지율을 추락시킨 양대 악재는 추미애와 윤석열의 갈등과 부동산 민심이었다. 먼저 추미애와 윤석열의 갈등이 1년 가까이 계속되며 국정의 블랙홀이 되었다. 자신이 임명한 두 사람이 그토록 대립해 온 나라가 극심한 분열의 아수라장이 되었지만, 이를 조정하고 해결할 대통령의 리더십은 작동하지 않았다. 문재인은 임명권자인 자신이 책임을 지고 사태를 진작에 매듭지어야 했다. 그럼에도 문재인은 자신의 손에 피를 묻히지 않고, '우리 추미애 마음대로' 하게 내버려두었다.

　결국 추미애가 윤석열의 직무 정지와 징계의 칼을 빼들었다가 여론이 더욱 악화되어 자신의 지지율까지 추락하게 되었다. 그러나 추미애의 뜻대로 윤석열 징계를 계속하겠다는 입장을 분명히 했다. 추미애의 무리한 '윤석열 징계'가 법원의 제동으로 윤석열은 업무에 복귀하면서 문재인의 리더십도 엄청난 타격을 입게 되었다.

　또한 문재인의 지지율 추락을 가져온 것은 부동산 대란으로 인해 등을 돌린 민심이다. 문재인 정부 들어 2021년 2·4 대책까지 25번의 대책이 나왔음에도 전세난과 집값 상승은 계속되고 있다. 정부가 대책을 내놓을 때마다 전셋값과 집값이 오르는 '머피의 법칙Murphys Law'을 국민들은 성난 표정으로 지켜보아야 했다. 정부와 여당만 몰랐던 시장의 수요와 공급 논리에 무지한 규제 만능주의 정책이 낳은 필연적인 결과였다. 전세와 매매가 시장에 나올 수 없는 정책이 반복되는데, 전셋값과 집값이 오르지 않는다면 그것이 이상한 일이었다.

부동산 민심과 윤석열 몰아내기가 낳은 결과

부동산 대란이 이 지경이 되도록 문재인은 부동산 문제의 핵심을 이해하지 못하는 모습을 보였다. 노무현 정부의 청와대 홍보수석비서관이었던 조기숙 교수가 "문 대통령이 '일본처럼 우리도 집값이 곧 폭락할 테니 집을 사지 말고 기다리라' 했다"는 사실을 알리며 "대통령이 참모로부터 과거 잘못된 신화를 학습했구나, 큰일 나겠다 싶었다"는 쓴소리를 해서 화제가 되기도 했다.

그런가 하면 문재인은 2020년 7·10 대책과 8·4 대책이 나온 뒤에는 "주택시장이 안정되고 집값 상승세가 진정되고 있다"고 자평했는가 하면, 임대차 3법을 여당 단독으로 통과시켜 전세난이 심각해지자 "전세시장을 기필코 안정시키겠다"고 책임지지 못할 약속을 하기도 했다. 애당초 대부분의 전문가는 공급 대책이 부재한 문재인 정부의 규제 일변도 정책으로는 집값 상승이 계속될 것이며, 특히 임대차 3법은 심각한 전세난을 초래할 것이라고 경고했다.

결국 시장은 수요와 공급의 원리를 아는 전문가들의 예상대로 돌아갔고, '대통령의 의지'로 시장을 다스리려던 문재인은 번번이 '양치기 소년'이 되고 말았다. 국토부 장관 김현미만 탓할 것이 아니라, 부동산 대란의 원인조차 이해하지 못하고 있는 대통령이 문제였던 셈이다.

문제는 문재인의 지지율 추락을 가져온 악재들이 앞으로도 호전되기 어렵다는 점이다. 문재인은 뒤늦게 추미애와 윤석열 갈등으로 인한 혼돈에 대해 사과하고 추미애는 물러났지만, '윤석열 탄핵'을 부르짖는 민주당 내 강경파들의 목소리로 빛이 바래고 말았다. 대통령은 더는 민심이 악화되지 않도록 수습되기를 원했지만, 강경파들은 그러한 뜻에 따르지 않았다.

대통령의 수습 의지가 강경파들에 의해 무시당하는 그런 광경 자체가 레임덕인 셈이다. 하지만 그 책임을 강경파들에만 돌릴 수는 없는 것이, 이제까지 그런 상황을 자초해왔던 것이 문재인 자신이었기 때문이다. 집권 세력이 총궐기하다시피 한 윤석열 몰아내기로 악화된 민심이 호전되기에는 이미 그 상처가 너무 깊어졌다.

추미애가 문재인에게는 결정적인 타격을 입힌 X맨이 되어버린 셈이다.

게다가 전세난과 집값 상승은 문재인 정부 내내 계속될 가능성이 크다. 국토부 장관이 김현미에서 변창흠으로 교체되고, 85만 6,000가구를 공급하겠다고 약속한 2·4 대책이 나왔지만, 얼마나 실효성이 있을지는 알 수 없다. 결국 정부와 여당은 부동산 대란의 한복판에서 2022년 3월 대통령 선거를 치러야 할지 모른다.

대통령이 대답해야 할 시간

박근혜에게도 콘크리트 지지층이 존재했다. 그러나 임기 중반까지 어떤 악재가 있어도 유지되던 40퍼센트의 지지율은 비선 실세의 국정 개입 논란이 불거지면서 30퍼센트로 하락했고, 최순실 국정농단의 진상이 알려지면서 급기야 5퍼센트로 추락하고 말았다.

물론 문재인 지지층은 정치 이념적 동질성이 강한 편이라 지지율이 그 정도로 급락하지는 않겠지만, '촛불 정부'를 자처했던 문재인 정부에는 30퍼센트대의 지지율도 큰 상처가 될 수 있다. 이런 상황에서 민주당이 서울과 부산의 보궐선거에서 모두 패한다면, 문재인의 레임덕은 빠르게 진행될 수밖에 없다.

문재인에게 남은 약 1년의 시간은 산 넘어 산이다. 여러 난제가 해결되기는 쉽지 않아 보인다. 아무리 거대 여당이 뒤를 받쳐주고 있다고 한들, 민심이 등을 돌리면 모래 위에 쌓은 성일 뿐이다. 이 때 대통령이 해야 할 일은 민심에 귀를 열고 다가가는 것이다. 박근혜 정부 시절의 '불통'을 그렇게 비판하던 문재인이 기자들 앞에 서는 것을 피하고 수석·보좌관회의에서 준비된 원고만 읽는 모습을 지켜보는 것도 슬픈 일이다.

결국 레임덕으로 들어가는 사태를 막을 수 있는 것은 문재인 자신뿐이다. 그 길은 지지자들만의 대통령이 아니라, 국민 전체의 대통령이 되는 데 있다. 우리는 왜 촛불을 들었던가? 다시 법치와 민주주의가 훼손되고 있다는 이 처연한 질문에 문재인은 이제 답을 해야 한다.

부동산 시장을
이기겠다는 신념

정부만 모르는 부동산 정책 실패의 원인

문재인 정부 들어 모두 25번의 부동산 대책이 발표되었다. 그런데 희한한 것은 정부가 집값을 잡으려고 대책을 발표하고 나면 오히려 집값이 크게 오르는 현상이 반복되었다. 정부가 강도 높은 규제 대책을 내놓을수록, 수요자들은 이러다가 평생 집을 사지 못하겠다는 위기의식을 갖게 되어 '영끌'이라도 해서 집을 사야 한다는 매수 심리가 발동했다.

과학자들은 '머피의 법칙'을 우연에 의해 일어나는 현상이 아니라, 심리적·통계적 현상이 복합되어 나타나는 일종의 과학의 법칙이라고 설명한다. 머피의 법칙에도 원인이 있다는 것이다. 문재인 정부의 부동산 대책이 언제나 기대와는 정반대의 결과를 낳는 것에도 정부만 모르는 원인이 있었다. 그것은 시장을 움직이는 수요와 공급의 원리에 문재인 정부가 무지했던 탓이다.

가까운 예로 임대차 3법이 초래한 전세난을 살펴보자. 민주당은 2020년 7월, 전월세신고제·전월세상한제·계약갱신청구권제 등을 핵심으로 하는 임대차 3법을 야당과의 협의 없이 단독으로 국회에서 통과시켰다. 당시 대부분의 전문가는 사전 준비 없이 임대차 3법이 시행될 경우 전세 매물이 사라져서 최악의 전세난이 닥칠 것이라고 우려했다. 그러나 임대차 3법이 약자인 임차인들을 보호할 '착한 법안'이라는 신념을 가진 여당 의원들은 상임위원회에서 심의조차 생략한 채 일사천리로 통과시켜버렸다.

임대차 3법이 시행되자 시장은 즉각적으로 반응했다. 우려했던 대로 전세는 씨가 말라버렸다. 대규모 아파트 단지에서도 전세 매물이 거의 사라졌다. 전세 공급 부족을 나타내는 민간 통계 지표는 19년 만에 가장 높은 수준을 기록했다. 매물이 없으니 당연히 전셋값도 올라 부르는 게 값이 되어버렸다. 임대차 3법이 통과된 지 2~3개월 만에 전셋값이 몇 억 원씩 급등하는 지역들이 속출했다. 그러자 전세값이 매매가와 격차가 좁혀지니 차라리 집을 사는 게

낫겠다는 실수요자들의 판단이 확산되어 집값이 다시 상승했다.

높은 전셋값이 받쳐주고 있는 한 집값은 떨어지지 않는다. 정부가 아무리 임대차 3법 때문이 아니라고 둘러대도, 시장은 거짓말을 하지 못한다. 현재 전세난과 집값 상승은 정부의 희망 섞인 전망과는 달리 장기화될 것으로 보인다. 기본적으로 공급 문제가 단기간에 해결되기 어렵기 때문이다. 아마도 문재인 정부가 끝날 때까지 전세난과 집값 상승은 계속될 것으로 전문가들은 내다보고 있다.

이런 상황을 낳을 것이라는 예측이 없었던 것이 아니다. 당시 문재인 정부와 여당이 임대차 3법을 심의조차 없이 단독 처리하겠다고 했을 때, 많은 우려와 반대의 목소리가 있었다. 그러나 임대차 3법만을 지고지선의 것으로 여겼던 정부와 여당은 "추가 논의보다 속도가 더 중요하다"며 법안 통과를 밀어붙였다.

"이렇게 우리나라 1,000만 인구의 삶을 좌지우지하는 법을 만들 때는 최소한 최대한 우리가 생각하지 못한 문제가 무엇인지 점검해야 한다"고 지적했던 국민의힘 윤희숙 의원의 5분 연설을 여당은 극단적인 선동이라고 비하했지만 현실은 윤희숙의 말대로 되었다.

문재인은 2020년 10월 국회 시정연설에서 "질 좋은 중형 공공임대 아파트를 공급해 전세시장을 안정화시키겠다"라고 말했지만, 시장의 반응은 냉담하다. 졸속투성이의 법안들을 사전 준비도 없이 밀어붙이는 데 앞장섰던 민주당 의원들은 자신들의 무능이 낳은 결과에 대해 일말의 책임이라도 느끼고 있는지 궁금하다.

규제 만능주의에 대한 시장의 반란

정부의 전세난 대책 추진으로 한국토지주택공사LH의 부채가 8조 2,000억 원에서 10조 원가량 불어날 것이라는 전망이 나왔다. 정부가 발표한 공공임대를 매입하고 수리하는 데 들어가는 비용이다. 이 돈은 결국 어디서 나오는 걸까? 정부는 그동안 전세 매물이 시장에 나올 수 없는 규제 대책을 반복해왔다. 임대등록 말소를 통해 민간임대사업자의 전세 매물은 앞으로 계속 없어지게 되어 있다. 이 물량을 무시하지 못할 것이다. 재건축 2년 실거주 의무에 따라 소유자들이 실거주하게 되니 역시 전세 매물이 줄어들게 된다.

무엇보다 임대차 3법의 영향으로 집주인들이 전세를 기피해 전세가 씨가 마르게 되었다. 그동안 정부가 규제 대책을 통해 전세 매물이 시장에 나오는 것을 차단해온 셈이니, 지금의 전세난은 정부의 아마추어 정책이 낳은 결과다. 민간이 주체가 되어 돌아가는 부동산 시장의 생태계를 정부가 파괴해 버렸으니 전세난이 일어나고, 전셋값이 급등하니 집값이 다시 상승하고 있는 것이다. 거기에 LH의 부채를 키워 전세 공급 물량을 확보하고, 호텔 객실을 전세로 내놓겠다는 기막힌 말까지 나오고 있다. '바보들의 행진'이라는 생각 밖에는 안 든다.

어디 전세난뿐이겠는가? 부동산 대책이라고 내놓으면 정부 정책과는 정반대의 결과를 낳는 일이 문재인 정부 들어 반복되어왔다. 정부가 집값을 잡겠다고 대출을 막으며 집을 사기 어렵게 만들수록 오히려 집값이 상승했다. 시장 가격은 수요와 공급의 원리에 의해 결정되는 것이고, 집값 또한 예외가 될 수 없다. 그럼에도 정부는 부동산 시장을 자신들의 신념으로 다스리려 했으니 시장에서 먹힐 수가 없는 것이다.

시장을 읽지 못하는 사람들이 정책을 내놓고, 그저 규제를 하면 부동산 문제는 해결된다는 신념을 고수했던 것이 문제의 근원이었다. 매매 규제를 강화하면 집값이 오르고, 임대차 3법이 통과되니 전셋값이 급등했다. 집값은 못 잡고, 전세는 씨가 마르고, 국민들은 혼란스럽고, 세금은 급증하니 거주 이전의 제약만 심해진다.

무주택자는 전월세난으로 힘들어하고, 내집 마련을 하려던 30~40대들은 대출이 안 되어 꿈을 포기해야 하고, 유주택자들은 세금 폭탄을 맞는다. 부동산 공시지가를 시세의 90퍼센트까지 올리겠다는 정부의 계획은 급격한 증세에 대한 우려를 낳아 유주택자들의 생활 기반을 흔들어놓는다. 이쯤 되면 정부가 집값을 잡는 것이 아니라 국민을 잡고 있는 셈이다.

부동산은 정치가 아닌 정책이다

문재인 정부의 부동산 정책은 가히 역대 최악이라는 소리를 듣기에 이르렀다. 그것이 과장된 이야기가 아닌, 세계 어느 나라에 이렇게 복잡하고 뒤죽박죽인 부동산 정책과 제도가 있는지 모르겠다. 정부와 여당이 내놓은 부동산 정책에서 서로 충돌하는 일이 비일비재하게 발견된다. 부동산 법령과 세제가 난수표 해독보다 어렵게 되어버려, 세무사들도 일을 맡기를 피하고 국세청과 국토부의 담당 공무원들도 답을 하지 못한다. 이 엉망진창을 만들어버린 부동산 정책들을 다음 정부에서 어떻게 수습할 수 있을지 걱정된다.

이렇게까지 부동산 정책이 뒤죽박죽이 되어버린 것은 부동산으로 정치를 했기 때문이다. 문재인 정부의 부동산 정책의 출발점은 서울 강남 집값 잡기였다. 정부는 유독 강남 집값에 민감하게 반응하며, 강남 집값을 잡는 데 올인하다시피 했다. 현재 주택 공급의 절대적 부족을 낳고 있는 재건축 규제 역시 강남 지역 신축 아파트들의 가격이 올라가는 것을 용인할 수 없다는 의지의 결과였다. 그러다 보니 풍선 효과로 인해 집값 상승은 수도권 전역으로 확산되었고, 급기야는 전국으로 확산되는 결과를 낳았다.

모든 인프라가 잘 갖춰져 있는 강남 지역의 특성을 감안하면, 그곳의 집값은 시장 원리에 따라 정해지도록 놔두는 것이 낫다. 그

대신 문재인 정부는 전체 국민의 주거 안정에 주력했어야 했다. 그러나 문재인 정부는 강남 집값이 상승하는 것을 결코 용인할 수 없었다. 그것은 자신들이 갖고 있는 정의로운 신념에 어긋나는 시장의 도발이었기 때문이다.

문재인 정부의 부동산 정책이 꼬여버린 것은 다주택자들은 물론이고 유주택자들까지도 죄인 취급하며 징벌적 규제를 했기 때문이다. 집을 가진 사람들은 양도세 때문에 집을 팔 수도 없고, 그렇다고 보유세 때문에 집을 그대로 갖고 있기도 곤란한 처지가 되었다. 그들을 가두어놓은 채 정부는 세금을 걷어간다. 1주택자라 하더라도 고가 주택에 사는 사람들에게는 은퇴자라 할지라도 세금이 아닌 벌금이 부과된다. 집 가진 사람들을 적대시하는 발상이 아니라면, 공시지가를 급속도로 올려 유주택자의 보유세 부담을 올리려는 계획을 내놓을 수는 없는 일이다.

그렇다고 해서 문재인 정부가 부동산 시장에서 주거 약자들을 보호해주고 있는 것도 전혀 아니다. 약자들을 위해 내놓은 정책은 번번이 약자들을 더 어렵게 만드는 결과를 낳았다. 임대차 3법이 전세난을 가져온 것이나 부동산 규제들이 집값 상승을 가져온 것이 그런 현상들이다.

부동산은 빵이 아니다

전 국토부 장관 김현미는 "아파트가 빵이라면 밤을 새워서라도 만들겠다"고 해서 국민들의 혀를 차게 만들었다. 문재인 정부가 출범한 지 3년 반이 넘었는데, 집이 빵처럼 하룻밤 사이에 만들 수 없다는 것을 이제야 알았다는 말인가? 정부는 빵을 만드는 곳도 아니고, 집을 만드는 곳도 아니다. 빵의 수요와 공급이, 즉 집의 수요와 공급이 원활히 돌아가도록 관리해주는 역할을 해주면 되는 것이다. 그 역할을 망각하고 시장을 통치하려다가 실패하고 그 실패조차 이미 수년 전에 끝난 과거 정부의 책임이라고 변명하는 모습을 보였다. 어떤 경우에도 결코 잘못을 인정하지 않는 것은 문재인 정부의 집권 세력의 정치적 DNA인 것 같다.

아마도 문재인 정부의 무능이 가장 집약적으로 드러난 것이 부동산 정책일 것이다. 그런데 무능하면 겸손하기라도 해야 국민의 이해를 구할 수 있다. 하지만 문재인 정부는 무능하면서 겸손하지도 않았다. 국토부 장관도, 청와대 정무수석도 자신들의 책임을 인정하려 하지 않았다. 이쯤 되면 정책의 실패를 인정하고 무엇이 잘못인지를 진단해서 부동산 정책을 원점에서 재검토해야 하는 것이 상식이다. 부동산 문제를 해결하는 것은 디테일한 정책 능력이지, 집권 세력의 신념을 구현하는 오기가 아니다. 결국 문재인 정부는 기필코 시장을 꺾고야 말겠다는 오기의 정치를 하다가 이 지경이 되었다. 미국의 사회운동가 파커 파머Parker J. Palmer가 『비통한 자들을 위한 정치학』에서 했던 말을 들려주고 싶다.

"사람들에게 자신의 가장 근본적인 신념과 모순되는 확고한 증거를 제시하면, 그들은 자기의 신념을 오히려 더욱 강력하게 옹호하게 되는 경우가 종종 있다는 것을 여러 연구가 보여준다. 자신의 확신과 가치에 도전하는 것을 더이상 두려워하지 않을 때, 비로소 우리는 진실에 가까이 다가가는 데 필요한 정보를 원할 것이다."

문재인 정부의 부동산 정책에 대한 비판과 불만은 가히 범국민적이다. 과거 정부에서도 부동산 정책에 대한 불만은 존재했지만, 이렇게 거의 모든 계층의 국민에게서 원성을 사는 경우는 없었다. 세금을 많이 걷게 된 정부를 제외하고 누구도 불만을 갖지 않는 사람들이 없다.

부동산 정책이 반복적으로 실패했으면 무엇이 잘못된 것인지를 생각하는 것이 성찰 능력을 가진 사람의 태도다. 그런데 문재인 정부는 성찰적 태도라고는 찾아보기 어렵다. 그저 자신들의 실패한 정책을 고집스럽게 사수할 뿐이다. 이 또한 우리만이 선善이고 우리만이 옳다는 독선의 모습이 아니겠는가. 그래서 부동산 정책의 실패는 어떤 한 분야의 정책 실패 이상의 뼈아픈 의미를 담고 있다.

그동안 부동산 문제에 대해 자신 있다는 허언虛言만 계속했던 문재인은 2021년 1월 신년 기자회견에서 공급 부족을 인정하며 "무엇보다 혁신적이며 다양한 주택 공급 방안을 신속하게 마련하겠다"고 밝혔다. 정부의 부동산 정책에 문제가 있다는 것을 인정하기까지 3년 8개월가량이 걸렸다. 이제 임기 마지막 1여 년을 앞두고서 다양한 공급 대책을 마련하겠다고 서두르고 있다.

문재인 정부는 변창흠 국토부 장관이 새로 취임하고 나서 2·4 부동산 대책을 발표했다. 시장에서 수요와 공급의 원리를 무시하고 고집만 부리다가, 백약이 무효가 되니 임기 3년 9개월이 지나서야 적극적인 공급 대책을 내놓은 것이다. 그러나 그동안 귀를 닫은 부동산 정책으로 혼돈을 초래한 것에 대한 반성이 있어야 할 것이다. 소통 없는 고집불통의 정책이 어떤 결과를 낳는지를 문재인 정부의 부동산 정책은 생생하게 보여주었다.

그동안 무엇을 한 것인지, 왜 귀를 닫고 자신 있다고 큰소리만 친 것인지 묻고 싶다. 2021년 1월 신년 기자회견에서 LTV와 DTI 이야기가 나오니 "그렇게 아주 구체적이고 전문적인 부분에 들어가면 제가 답변 드리기가 조금 어렵다"고 말하는 대통령을 지켜보고서 과연 부동산 문제를 얼마나 이해하고 있는지도 묻고 싶다.

강성 지지자들에게 갇힌
민주당

강경파들이 이끌고 가는 민주당

"우리는 열린우리당의 아픔을 깊이 반성해야 한다." 2020년 총선이 민주당의 압승으로 끝나던 날, 당대표 이해찬이 했던 말이다. 당시 이낙연 선대위원장도 "그때(열린우리당 때) 경험을 반면교사로 삼을 필요가 있다"라고 이야기했다. 열린우리당 실패의 악몽이 민주당 사람들에게는 트라우마로 남아 있음을 알려주는 장면이다.

열린우리당은 2004년 총선에서 노무현 대통령 탄핵 역풍으로 단독 과반을 확보했다. 하지만, '4대 개혁 입법(국가보안법, 사립학교법, 과거사진상규명법, 언론관계법)' 추진 과정에서 선명성만 내세운 강경파들로 인해 순식간에 지지율이 추락했다. 그때의 실패를 되풀이하지 않겠다던 민주당의 다짐은 1년도 되지 않아 잊히고 말았다.

17년 전 여당의 강경파가 '4대 개혁 입법'에 매달리다가 민심을 잃었다면, 민주당은 '윤석열 몰아내기'로 역시 민심을 잃었다. 국민들은 코로나19로 민생이 벼랑 끝에 처해 있는 상황에서 집권세력이 검찰총장을 몰아내기 위해 그토록 매달린 상황을 이해할 수 없었다. 그 과정에서 온 나라가 분열되고 혼돈이 격화되는데도 문재인은 수수방관했다. 그렇게 민심이 요동치는 한복판에서 추미애가 윤석열에 대한 징계를 무리하게 밀어붙였지만, 결국 법원에 의해 제동이 걸렸다.

문재인이 즉시 국민에게 사과한 것은 민심을 악화시키지 않도록 사태를 수습해야겠다는 판단의 결과였다. 물론 그런 지경까지 사태가 치닫도록 추미애를 방치했던 문재인의 리더십은 심각한 타격을 입었지만, 그 이상 확전되지 않도록 수습하려고 한 것은 그나마 다행스러운 일이었다. 하지만 문재인의 사과가 끝나기가 무섭게 민주당의 강경파 의원들은 '윤석열 탄핵'을 부르짖고 나서기 시작했다.

이를 지켜보는 국민들을 어리둥절할 수밖에 없다. 윤석열 탄핵 주장은 법원의 판결을 존중하겠다며 사과까지 한 대통령에게 찬물을 끼얹어버린 것과 다를 바 없기 때문이다. 대통령은 확전을 원하지 않는다는 메시지를 분명하게 내놓았는데, 민주당의 강경파 의원들은 그조차 뒤집어버리고 끝까지 해보자고 윤석열 탄핵을 꺼내들었으니 말이다.

이낙연은 독배를 든 것일까?

윤석열 탄핵은 무엇보다 상식에 맞지 않다. 추미애가 구성한 법무부 검사징계위원회조차도 윤석열에 대해 정직 2개월의 징계에 그치고 말았다. 그 징계도 법원에 의해 제동이 걸렸는데, 민주당이 의석수의 힘을 앞세워 탄핵을 의결한들 그것이 헌법재판소를 통과할 가능성은 거의 없다. 검찰총장 같은 공직자를 탄핵하려면 파면에 해당하는 중대한 헌법 위반 또는 법률 위반이 있어야 하는데, 아직까지 그런 중대한 위반 행위가 확인된 것은 아무것도 없기 때문이다. 오히려 무리한 탄핵 추진은 과거 노무현 대통령 탄핵 때와 같은 역풍을 초래할 가능성이 대단히 크다.

당대표 이낙연이 "최근 현안을 넓은 시야로 보고 책임 있게 생각하길 바란다"며 탄핵에 선긋기를 한 것도 그러한 역풍에 대한 우려 때문이었을 것이다. 하지만 이렇게 지도부가 선긋기를 했어도 김두관 의원은 소속 의원들에게 윤석열 탄핵 동참을 호소하는 서한을 보내는 등 강경파들의 질주는 계속되고 있다. 그러니 국민들의 눈에 비쳐지는 민주당의 모습은 '콩가루 집안'이다. 당대표의 말보다 강경파 의원들의 목소리가 부각되고, 그들이 민주당의 얼굴로 비쳐진다. 2020년 총선에서 압승을 거두었던 민주당이 이 지경까지 이르게 된 데에는 민심에 아랑곳하지 않는 강경파 의원들의 언행과 그들을 제어하지 못하는 이낙연의 리더십 부재가 큰 원인이다.

"단결된 소수와 싸울 때는 우선 그 정점에 타격을 가해야 한다."(김두관 의원) "전투에서 지고 전쟁에서 이기는 타이밍은 이미 지났다. 앞으로 있을 모든 전투에서 이겨야 전쟁의 승리를 만들어낼 수 있다."(민형배 의원) 윤석열 탄핵을 주창하는 의원들의 언어는 흡사 1980년대 초 학생운동권에서 '사상투쟁'하던 시절의 팸플릿을 읽는 느낌이다. '윤석열 독재정권'에 맞서 탄압받는 어느 혁명가들의 외침을 듣는 것 같다. 이들의 머릿속 시계는 그 시절에 멎어 있었다.

박주민 의원이 "김두관 의원뿐 아니라 탄핵을 해야 한다는 의원이 굉장히 많다"고 말했듯이, 민주당의 문제가 심각한 것은 그런 강경파들이 결코 소수가 아니라는 점이다. 이미 국회 법제사법위원회에 포진해 있는 김남국, 김용민, 김종민, 백혜련 등은 추미애의 언행을 말리기는 고사하고 윤석열 몰아내기를 위한 '원팀'이 되었다. 언제부터인가 민주당을 대표하는 스피커는 당대표 이낙연이 아니라 강경파 의원들이 되어버렸다. 국민들의 눈에는 성난 민심에 기름을 끼얹는 언행을 하는 강경파들의 모습만 보인다.

거듭되는 강경파들의 언행이 민심과 충돌한다면, 이낙연은 그것을 제어하는 리더십을 발휘해야 했다. 그러나 대선후보가 되고자 하는 이낙연은 '친문' 눈치 보기에 급급해 독자적인 리더십을 보이지 못한 지 오래다. 이대로는 그도 민심을 다 잃어버려 차기 대권으로 갈 길이 무망해 보인다.

민주당은 이제 벼랑 끝에서 결단을 내려야 한다. 첫째, 나라의 분열과 갈등을 격화시키는 정치적 행위들을 중단하고 민생에 전념하는 여당으로 노선 전환을 해야 한다. 그것이 코로나19 시대 속에서 고통받고 있는 국민들에 대한 집권 여당의 도리이며 책임이다. 둘째, 강경파들이 뒤로 물러나 국민들의 눈에 보이지 않아야한다. 그 대신 민주당의 앞 열에는 민심을 두려워하고 균형의 미덕을 아는 정치인들이 서야 한다. 이것을 해낼 사람은 당연히 당대표 이낙연이다. 그런 결단의 모습을 보이지 못한다면 이낙연에게 당대표 자리는 결국 '독배'가 되고 말 것이다. 지지자들만 보려 하고, 국민들을 바라보지 못하고서 어찌 대권을 꿈꿀 수 있겠는가? 하지만 이제 당대표로서 이낙연의 시간도 얼마 남지 않았다.

타이태닉호 같은 민주당

"나는 배가 침몰할 어떤 상황도 상상할 수 없다." 타이태닉호의 선장으로 최후를 마친 에드워드 스미스Edward Smith가 1907년에 했던 말이다. 세계에서 가장 큰 여객선이자 최고의 기술로 만들어진 타이태닉호는 '신도 침몰시킬 수 없는 배'라고 불렸다. 그러나 1912년 타이태닉호는 대서양에서 빙산에 좌초되어 1,500여 명이 사망하는 대형 참사를 일으키며 침몰했다. 빙산 경고 메시지가 선장에게 제대로 전달되지 않아 항로를 바꾸지 못했고, 게다가 배는 전속력으로 질주했기 때문이다.

2020년 총선에서 180석을 얻었고 현재 174석을 보유하고 있는 민주당은 정치권의 타이태닉호라 불릴 만하다. 총선 결과가 그렇게 나왔을 때, 사람들은 민주당의 재집권은 떼어 놓은 당상일 것으로 믿었다. 그런 민주당이 순식간에 추락하리라고 누구도 상상하지 못했다. 그러나 불과 몇 달 만에 상황은 반전되기 시작했다.

총선 직후 70퍼센트대를 유지하던 문재인의 지지율은 데드크로스를 지나 하락을 계속하더니 30퍼센트대로 추락했다. 민주당의 지지율은 국민의힘과 엎치락덮치락하며 다툼을 벌이고 있는 여론조사가 나오고 있다. 국민의힘 또한 여전히 미약한 혁신으로 국민의 믿음을 사지 못하고 있는 상황에서 민주당에 대한 국민의 부정적 시선이 얼마나 확산되었는지를 짐작할 수 있다. 빙산 앞에서 타이태닉호가 그랬듯이 민주당 안에서도 경고 메시지는 공유되지 못하고 있고, 일방통행의 질주만이 계속되고 있다.

민주당은 왜 이렇게 되었을까? 민주당을 지지했던 민심이 1년도 안 돼 돌아선 것은 공룡 여당의 오만함에 대한 비판 여론이 급속히 확산되었기 때문이다. 민주당은 총선 직후 "열린우리당의 실패를 반복하지 않겠다"는 다짐을 했지만, 열린우리당 시절에도 볼 수 없었던 역대급 질주가 계속되었다. 민주당이 선택한 법안들은 상임위원회 심의 과정조차 건너뛰고 토씨 하나 수정되지 않은 채 2~3일 만에 통과되었다. 문재인이 제21대 국회 개원 연설에서 협치를 다짐한 지 보름도 지나지 않아 생겨난 일들이다.

광역단체장들의 잇따른 성추행 사건을 비롯해 총선 이후 정치권에서 터져나온 수많은 사고의 대부분은 민주당에서 생겨났다. 절대다수 의석을 차지하니 오만해져서 자신들이 가진 힘을 주체할 줄 모른다는 비판이 나온다. 그럼에도 국회에서 입법 질주는 계속된다. 무서울 것이 없어진 공룡 여당의 오만한 모습이다.

집단적 나르시시즘에 빠진 민주당

민심이 집권 세력에 등을 돌릴 때 민심과 청와대 사이에서 가교 역할을 해야 하는 것이 여당이다. 그런데 민주당의 모습을 보노라면 여당이 더 문제아가 되어버린 듯하다. 이렇게 여당이 민심을 떠나게 만드는 주인공이 되고 있으니, 민심의 가교 역할이라는 말을 꺼내는 것 자체가 무색해진다. 과거에는 민주당이 이러지 않았다. 그래도 균형의 미덕을 아는 정당이 되려고 노력했고, 민심을 무서워하는 정당이었다. 하지만 4·15 총선 이후로 우리가 보고 있는 민주당은 민심에 대해 둔감한 모습뿐이다. 국민이 아니라 오로지 열성 지지층만 바라보는 정치가 초래한 재앙이다.

카라바조Caravaggio의 〈나르키소스〉에서 나르시스는 호수에 비친 자기 모습을 너무도 사랑하다가 결국 자신을 찬미하면서 호수에 빠져 죽는다. 그런 종류의 자기애는 저주이며 그 극단적인 형태는 자기 파멸이 된다는 점을 그림은 보여준다. 에리히 프롬Erich Fromm은 『인간의 마음』에서 "자아도취적인 사람은 스스로 실패했다는 사실을 인정하거나 다른 사람의 비판을 받아들이는 것이 어려워진다"라고 말했다. 자신에 대한 우월감에 빠진 나머지 다른 사람들의 말을 들으려 하지 않는다는 이야기다. 4·15 총선 이후 자신만이 정의라고 믿은 민주당은 비판하는 목소리에 귀를 닫아버리는 집단적 나르시시즘에 빠지고 말았다.

쓴소리를 듣기 싫어도 경청하며 받아들이는 것이 지지자들만이 아니라 국민 전체를 바라보며 국정을 운영하는 태도다. 집권 세력이 호수에 비친 자기 모습을 너무도 사랑하다가 스스로 호수에 빠져버린다면 나라의 불행이 되고 만다. 민심이 떠나가는데도 이를 걱정하는 사람이 없다. 거대한 배가 침몰하고 있는데도 경보를 울리는 사람이 없으니, 이것이야말로 진짜 위기가 아니겠는가? 민주당이 어쩌다 이렇게까지 되었단 말인가?

민주당 광역단체장들의
성추행은 왜 계속될까?

민주당의 젠더 감수성 부재

이번에도 또 민주당이었다. 과거 민주당이 새누리당을 가리켜 '성性누리당'이라고 야유하던 시절이 있었다. 그런데 이제 민주당이 집권 여당이 되고 174석의 공룡 정당이 된 후 '더불어만지당'이라는 낯 뜨거운 야유를 듣고 있다. 안희정 전 충남지사, 오거돈 전 부산시장, 박원순 전 서울시장까지 유독 민주당 소속 단체장들의 성추행이 이어졌으니 입이 열 개라도 할 말이 없다. 어째서 민주당에서만 그런 성추행 범죄가 반복되고 있는 것일까?

국민을 충격에 빠뜨린 이 성추행 사건들이 갖는 공통점은 광역단체장이라는 권력에 의해 저질러진 범죄라는 사실이다. 모두가 단체장 권력이라는 우월적 지위를 이용해 아랫사람에게 성추행을 했다는 성격을 갖고 있다. 정의와 약자와 촛불 정신을 말했던 사람들이 권좌에 앉게 되면서 윤리적 긴장이 무장해제된 결과다. 여당 단체장들의 연이은 성추행 사건을 개인의 문제로만 볼 수 없다는 것은 박원순 성추행 사건 대처에서 드러난다. 민주당의 젠더 감수성 부재가 드러났기 때문이다.

광역단체장이 3명씩이나 성범죄로 유고 사태가 빚어졌으면, 민주당은 즉각 책임을 통감하는 모습을 보였어야 마땅했다. 그런데 무릎 꿇고 사죄해도 모자랄 판에, 이해찬은 성추행 의혹을 거론하는 기자를 향해 '후레자식'이라는 욕설로 대응했다. 고인을 추모한 민주당 정치인들 가운데 장례 기간에 피해 여성에게 위로의 말 한마디 전하는 사람이 없었다. 심지어 윤준병 의원은 "고인은 죽음으로 미투 처리 전범을 몸소 실천했다"는 어처구니없는 말을 하며 미투 조작 의혹까지 제기했다.

피해 여성에게 2차 가해가 되는 언행들을 일삼았던 것이 이 나라의 집권 여당이었다는 사실은 우리를 비참하게 만든다. 보수정당의 성추행 사건 때는 앞장서서 비난하던 민주당 여성 의원들도 침묵하다가 여론에 떠밀려 뒤늦게 사과 성명을 냈다. 성폭력 문제의 주무 부처인 여성가족부 역시 "입장 없다"며 꼼짝도 하지 않다가 뒤늦게 입장을 내놓은 것도 마찬가지였다. 어느 개인만이 아닌 집권 세력의 집단적인 젠더 감수성 부재를 드러내고 만 것이다.

무공천 원칙을 저버리다

민주당의 책임지지 않는 모습은 당헌을 개정하면서까지 서울시장과 부산시장 보궐선거에 공천을 하기로 한 것에서 여실히 드러났다. 당초 민주당의 당헌에서는 당 소속 선출직 공직자가 부정부패 등 중대한 잘못으로 직위를 상실해 재보궐 선거를 하는 경우 해당 선거구에 후보자를 추천하지 않는다고 명기되어 있었다. 이러한 무공천 원칙은 2015년 문재인이 민주당 대표 시절에 만들었던 조항이었다. 그런데 정작 그런 상황이 발생하자 민주당은 전 당원 투표라는 요식 절차를 거쳐서 아무 일도 없었던 듯이 공천을 하기로 결정했던 것이다.

여성들의 비판이 줄을 이었지만, 대선 승리를 위해서는 보궐선거 승리가 매우 중요하다는 정치 논리 앞에서 민주당은 주저 없이 공천을 결정해버렸다. 부산시장이 성추행 사건으로 사퇴한데 이어 서울시장 역시 성추행 사건으로 극단적인 선택을 해 보궐선거를 치르게 되었는데, 과연 집권 세력 내에서 누가 책임을 진 사람이 있었던가? 스스로 책임지지 않으니 그런 성추행 사건이 반복되는 것이다.

성추행 사건에 대해 가장 적극적으로 대처해야 할 여성가족부의 모호한 태도는 두고두고 논란거리가 되었다. 당시 이정옥 여성가족부 장관은 국회에서 838억 원에 달하는 서울시장과 부산시장 보궐선거 비용을 두고 "국민 전체가 성인지 (감수)성에 대한 집단학습을 할 수 있는 기회가 역으로 된다고 생각한다"라고 말해 여론의 거센 비판을 받았다. 대체 어느 국민이 그런 학습의 기회를 원했을까? 그런 집단학습의 기회를 제공해준 민주당 단체장들에게 국민들은 감사해야 하는 것인가? 박원순과 오거돈의 성추행 사건에 대해 끝내 "수사 중인 사건의 죄명을 명시하는 것은 적절하지 않다"며 답변을 피했던 여성가족부 장관의 모습에서 국민들은 분노를 금치 못했다.

서울시 또한 다르지 않았다. 50만 명이 넘는 국민이 반대 청원을 해도 굳이 서울특별시장葬을 고집하며 논란과 갈등에 불을 붙이고 피해 여성이 '위력'에 대한 공포를 느끼게 만들었다. 그렇게 장례를 치르고 나서 성추행에 대해서는 "아직 알지 못하고 검토를 못했다"며 입을 닫아버렸다. 그 후 민관합동조사단을 구성해 성추행 의혹을 규명하겠다고 했지만, 서울시는 진상 규명보다는 전직 시장의 명예를 보호하는 데 급급했다.

'진영'만 남고 '사람'은 사라졌다

모두 고인의 명예에 누를 끼치지 않으려고 배려했지만, 고통을 간절히 호소하는 피해 여성의 존재는 머릿속에서 지워버렸다. 촛불 정부의 집권 세력은 그렇게 피해 여성이 고통받는 상황을 방조하거나 심지어 2차 가해에 합세하는 모습까지 보였다. 민주당의 무책임한 모습에 여론이 들끓자 이해찬이 결국 사과를 했지만, 상처받을 대로 받은 국민들로서는 엎드려 절 받기였던 셈이다.

피해 여성을 향한 온갖 비방과 마타도어가 난무하는 2차 가해의 야만적 행위가 대대적으로 자행되었다. 어느 구석방에 숨어 지내는 이상한 사람들의 이야기가 아니다. 페이스북 프로필에 세월호 리본을 달고 사람·약자·정의·배려 같은 말들을 즐겨 쓰던 멀쩡한 사람들이 그 짓을 했다. 2차 가해의 대열에는 진보임을 자칭하는 대학교수들과 현직 여검사도 제일 앞 열에 섰고, 수많은 사람이 '좋아요'를 누르며 그 뒤를 따르고 있었다. 어떻게든 고인을 방어하려는 사람들을 보고 피해 여성은 또다시 고통의 감옥에 갇히게 되었다. 강자는 죽어서도 강자이고, 약자는 여전히 약자다. 우리는 집단적 광기의 한복판에 서 있다. '진영'만 남고 '사람'은 사라져버렸다.

문재인은 민주당 대선후보 시절 "페미니스트 대통령이 되겠다"고 공언했다. 가장 정의롭다고 약자 편에 서겠다고 자처했던 사람들이 권력을 잡았는데, 어떻게 이런 일이 반복해서 벌어지는 것일까? 어느덧 절대권력이 된 민주당의 도덕적 해이와 오만이 낳은 결과다. 집권하면서 촛불 정부임을 내세웠던 민주당은 이제 '고여 있으니 썩은 물'이 되어버린 것이다. 3번씩이나 터져나온 광역단체장들의 성추행 사건 앞에서 민주당은 집권 여당으로서 가장 무겁게 진정성 있게 책임지는 모습을 보였어야 했다. 그러나 민주당은 그러지 않았다.

'기게스의 반지'를 낀 권력자들

오거돈은 성추행 사실을 인정하며 부산시장직에서 사퇴했다. "최근 한 여성 공무원을 5분간 면담하는 과정에서 불필요한 신체 접촉이 있었고 강제 추행으로 인지했다"라고 말했다. 그런데 '불필요한 신체 접촉'은 뭐고 '인지했다'는 건 또 뭔가? 남의 이야기 하는 것 같아 거북하다. "공직자로서 책임지는 모습으로 남은 삶을 사죄하고 참회하면서 평생 과오를 짊어지고 살겠다"라며 흐느끼기도 했다. 그런데 부산시장이라는 지위에 오른 사람이 그 정도도 분별하지 못했을까? 비난과 욕을 하기에 앞서 어떻게 저럴 수가 있었을까 하는 의아함이 앞서게 된다.

상식적으로 따지면 있을 수가 없는 일이다. '불필요한 신체 접촉'이라는 말은 자신의 의지가 실리지 않은 것 같은 의미로 들리는데, 성추행은 분명히 가해자의 적극적인 의지가 실린 범죄 행위다. '접촉'이라는 표현으로 우연한 실수인 것처럼 말할 일이 아니다. 그것도 부산시장이라는 사람이 여성 공무원에게 그런 몹쓸 짓을 했는데, 그 행위가 자신의 파멸까지 가져올 수 있다는 것을 몰랐다는 말인가?

안희정이 수행비서를 성폭행한 사실이 알려져 지사직을 사퇴하고 징역형을 선고받았다. 이제는 아무리 권력자라도 성추행이나 성폭력을 했다가는 인생이 파탄 나는 시대가 되었다. 그런데도 그런 짓을 버젓이 저지르다니, 도대체 이해가 되지 않는다. 그런 짓을 해도 아무도 모를 것이라고 생각했던 것일까?

플라톤의 『국가』에는 인간의 자발적 도덕성을 의심하는 '기게스의 반지' 이야기가 나온다. 이 반지는 손가락에 끼면 자신의 모습을 보이지 않게 할 수 있는 신비한 힘을 갖고 있다. 이 반지의 위력을 알게 된 기게스는 나쁜 마음을 먹고, 반지를 이용해서 왕비와 간통하고, 칸다우레스를 암살해 왕위를 찬탈하고 스스로 리디아의 왕이 된다. 이 이야기를 전하는 글라우콘은 소크라테스에게 이렇게 말한다. "그런 경우에 올바름 속에 머무르면서 남의 것을 멀리하고 그것에 손을 대지 않을 정도로 철석같은 마음을 유지할 사람은 아무도 없을 것 같이 생각됩니다." 아무도 보지 않는 곳에서 인간은 나쁜 짓을 한다는 의미가 담긴 말이다.

부끄러움은 언제나 우리의 몫인가?

댄 애리얼리Dan Ariely의 『상식 밖의 경제학』에는 기회만 있으면 남을 속이려 드는 인간들의 이야기가 나온다. 참가자들에게 수학 문제를 풀게 한 후 그들이 실제보다 많은 문제를 풀었다고 주장하면, 돈을 더 받아갈 수 있다고 했더니 대부분 참가자가 거짓말을 했다는 것이다. 댄 애리얼리는 연구 결과를 이렇게 정리했다 "정직한 사람들도 기회만 주어지면 상당수가 남을 속이려 든다. 우리의 연구 결과를 보면, 나쁜 놈 몇이 보통 사람들에게 피해를 주는 것이 아니었다. 그보다는 사람들 대다수가 남을 속이는 것으로 나타났고, 남을 속이는 것은 소소한 수준이었다." 결국 사람들은 남의 눈에 띄지 않고 발뺌의 여지만 있으면 대부분 남을 속인다는 것이다.

안희정에 이어 오거돈과 박원순의 성추행 사건까지 겪으니 인간의 자발적 도덕성에 대한 회의가 생겨나는 것이 사실이다. 공인 중의 공인이라고 할 위치에 있는 사람들이 이러하니, 우리는 도대체 누구를 믿어야 한단 말인가? 그나마 다행인 것은 댄 애리얼리의 연구가 덧붙인 중요한 이야기가 있다. 기게스의 반지로 모습을 감출 기회를 주자 사람들은 어느 정도까지만, 즉 자신의 힘으로는 정당화가 안 될 때까지만 남을 속였다는 것이다. 그래서 대부분 사람들이 남을 속이지만, 소소한 수준에 그친다고 말한다. 거짓말을 할지언정 자신을 선한 존재로 믿으려는 양심의 버팀목을 각자가 가지려고 한다는 것이다.

또한 위안이 되는 것은 우리를 배신하는 그런 공인들이 있지만, 그런 폭력에 분노하며 고통받는 피해자들의 편에 서는 사람이 그래도 많다. 우리 같은 범부凡夫들은 다른 사람을 유린하는 폭력 같은 것은 상상도 하지 못하며 살아가지만, 혹여 아무도 보지 않는다고 생각하며 나쁜 짓을 하면서 살지는 않았는지 돌아보게 된다. 부끄러운 짓은 권력의 자리에 있는 사람들이 하는데, 부끄러움은 그저 일상을 살아갈 뿐인 우리의 몫이 되고 있다.

임미리와 진중권을 향한
민주당의 입막음

"민주당만 빼고 투표하자"

박근혜 정부 시절이던 2014년 6월, 경찰의 출석 요구서가 우편으로 왔다. MBC TV 〈긴급 대담: 문창극 총리 후보자 논란〉 프로그램에 패널로 출연해 문창극 총리 후보자의 명예를 훼손했다는 이유로 보수 단체 회원에 의해 고발당했으니 경찰에 나와 조사받아야 한다는 것이었다. 오랜 세월 방송 활동을 했지만, 방송에서 한 이야기로 인해 경찰 조사를 받는 일은 처음이었다. 나는 이런 현실이 개탄스러웠고, 조사를 받으면서도 표현의 자유에 대한 억압이라고 항의했다. 당연히 무혐의 처분이 내려졌지만, 그런 광경 자체가 독재정권하에서나 있는 일이라고 생각했다.

민주화가 되었어도 교묘한 방법으로 표현의 자유를 억압하는 것은 이명박·박근혜 보수 정권에서 일어나는 일로만 알고 있었다. 그런데 놀랍게도 민주당 정권하에서 똑같은 일이 벌어졌다. 『경향신문』에 「민주당만 빼고」라는 칼럼을 쓴 임미리 교수와 편집 담당자를 민주당이 공직선거법 위반 혐의로 고발한 것이다. 민주당은 임미리가 칼럼에서 "민주당만 빼고 투표하자"고 한 것이 명백한 선거법 위반이라고 했다. 하지만 허위사실 여부를 다투는 보도기사가 아니라, 칼럼을 문제삼아 필자와 언론사를 고발한 것은 이명박·박근혜 정권에서도 좀처럼 없던 일이라 큰 충격을 안겨주었다.

민주당은 "민주당만 빼고 투표하자"는 말이 공직선거법 58조의 2(투표 참여 권유 활동) 조항을 위반했다고 판단했다. 이 조항은 공식 선거운동 기간이 아닐 때 투표 참여 권유를 빙자한 선거운동으로 선거 질서를 혼탁하게 만드는 행위를 금지·처벌하기 위한 것이다. 정치인도 아닌, 한 진보적 교수의 비판을 고작 선거운동 행위로 해석하며 법의 잣대부터 들이대는 저급함과 난폭함에 놀라게 된다. 이것이 이명박·박근혜 정권 시절 표현의 자유를 요구하며 촛불을 들었던 민주당이 할 짓인가?

이명박 정부 시절 미네르바를 스타로 만들었던 것은 그를 구속시킨 이명박 정권이었다. 그가 다음 아고라에 썼던 경제평론들은 그냥 토론의 시장에 맡겨두면 자연스럽게 평가받고 걸러질 수준이었다. 하지만 이명박 정권의 탄압이 그에 대한 관심을 폭발적으로 증폭시켰다. 임미리의 칼럼도 마찬가지였다. 그의 칼럼을 읽지 않았던 많은 사람이 이 일을 계기로 읽게 되었다. 임미리의 주장에 동의하지 않는 많은 사람도 표현의 자유를 억압하는 민주당의 행태에는 분개했다. 결국 여론의 거센 비판에 직면한 민주당은 임미리에 대한 고발을 철회하게 되었다.

진중권을 고소한 김용민

이 일이 있고 9개월이 지난 뒤, 이번에는 민주당 의원 김용민이 진중권을 상대로 민사소송을 제기해 역시 논란을 불러일으켰다. 김용민은 자신을 '조국 똘마니'라고 지칭한 진중권에 대해 "매우 강력한 스피커를 가진 분"이라며 "이런 분이 합리적 근거도 없이 모욕적인 언행을 사용했다면 당연히 책임을 져야 한다"라고 주장했다. 당사자로서는 그런 표현이 몹시 불쾌했을 것으로 이해되지만, 그렇다고 여당 국회의원이 소송까지 제기하는 것은 비판에 대한 입막음이라는 시선을 피하기 어렵다. 허위사실을 의도적으로 유포하는 악의적인 행위가 아닌 한, 비판적 의견에 대해서는 인내

하며 듣는 것이 그 위치에 있는 사람들의 몫이다.

그런데 뒤이어 이번에는 민주당이 당 차원의 공식 논평을 통해 진중권을 비판하고 나섰다. 박진영 부대변인은 논평을 내고 "진중권 씨의 조롱이 도를 넘어서 이제는 광기에 이른 듯하다"라고 비난하며 "말 한마디 한마디를 언론이 다 받아 써주고, 매일매일 포털의 메인 뉴스에 랭킹되고 하니 살맛나지요? 신이 나지요? 내 세상 같지요? 그 살맛나는 세상이 언제까지 갈 것 같나"라며 힐난했다. 그동안 사사건건 비판해온 진중권의 독설에 민주당이 분개했으리라는 생각은 든다. 특히 진중권이 쏟아낸 말이 많은 언론에 기사화되어 민주당은 그를 눈엣가시처럼 여겼다.

하지만 어떤 이유를 대더라도 민주당의 대응은 과잉이라는 지적을 피하기 어렵다. 도대체 논객 개인의 글과 표현을 집권 여당이 공식적인 논평을 하며 비판하는 것이 적절한가? 집권 여당의 그러한 서슬 퍼런 대응은 비판적인 지식인들에게 입을 다물라는 메시지로 해석될 수밖에 없다. 집권 여당이 공론의 장에 끼어들어 개인들에게 하라거나 하지 마라는 식의 압박은 삼가야 할 일이다. 설혹 표현이 지나치다고 해도 집권 여당이 자신을 비판하는 개인들을 향해 공공연하게 압박한다면 국민의 비판을 받을 수밖에 없다.

진중권의 주장이나 어법에 대해서는 사람마다 호불호가 엇갈릴 것이다. 카타르시스를 느끼는 사람들도 있을 것이고, 반대로 거부감을 갖는 사람들도 있을 것이다. 그러나 그가 성역을 두지 않고 비판을 해왔으니, 그 또한 성역이 될 이유도 없고 그럴 수도 없다.
진중권의 주장들에 대해 비판할 것이 있으면 누구나 공론의 장에
서 비판을 하면 된다.

통치받지 않으려는 결연한 의지

그러나 개인의 표현의 자유를 억압하는 행위는 언제나 '되로 주
고 말로 받는' 결과를 낳는다. 지식인들의 주장은 그것이 악의적인
허위사실이 아닌 한 공론의 장에서 평가받도록 하는 것이 옳다. 문
제가 있는 주장에 대해서는 공론의 장에서 비판과 토론을 통해 대
응하면 된다. 그것이 다양한 의견의 공존을 받아들일 줄 아는 민주
주의의 방식이다. 미셸 푸코Michel Foucault는 1978년 '비판이란 무
엇인가'라는 강연에서 비판적 태도란 "통치받지 않으려는 결연한
의지"라고 말하며 '비판'이라는 것에 대해 다음과 같이 설명한다.

"권위가 진실이라고 말하는 것을 진실로 받아들이지 않거나, 적
어도 권위가 그것을 진실이라 말했다는 이유만으로는 그것을 진
실이라 받아들이지 않겠다는 것, 그것이 진실하다고 받아들이는
이유들이 자기에게 타당하다고 간주될 때에만 수용하겠다는 태도
입니다."

그렇게 '통치받지 않으려는' 지식인들이 권위를 비판하며 자신

이 생각하는 진실을 자유롭게 말할 수 있는 사회가 민주주의 사회다. 과거 정권의 표현의 자유를 억압한 것을 비판하고 촛불 정부를 자임하며 들어선 것이 지금의 문재인 정권이다. 그렇다면 어떤 개인의 주장이 옳으냐 그르냐에 상관없이 표현의 자유를 지켜주는 것이 민주당의 책임이기도 하다. 하지만 자신을 비판한 임미리와 진중권을 향한 민주당의 대응은 그래서 퇴행적이다.

볼테르Voltaire는 『관용론』에서 자신의 책이 인도주의의 이름으로 권력 앞에 겸허히 제출하는 청원이라며 이렇게 말했다.

"만약 당신들 모두가 같은 의견이고 단 한 사람만이 반대 의견이라면 여러분은 그 사람을 용서해야 하오. 왜냐하면 그가 그렇게 생각하는 데는 여러분 각자가 책임이 있기 때문이오."

스스로 성찰할 줄 아는 정당이라면 자신의 책임이 무엇인지 생각하는 것이 순서가 아니었을까? 민주당의 그러한 행위는 표현의 자유를 억압하거나 반대자를 탄압한다는 비판을 피할 길이 없다.

금태섭을
두 번 죽이는 정치

공천 탈락과 징계라는 이중 보복

　180석을 차지한 공룡 여당의 첫 걸음은 졸렬했다. 민주당 윤리 심판원은 총선에서 압승을 거둔 지 얼마 되지 않은 2020년 5월, 금태섭 전 의원에게 '경고' 처분의 징계를 결정했다. 징계 사유는 2019년 공수처법 표결 당시 당론을 어기고 기권을 했다는 것이다. 그래서 당규에 따라 '당론 위배 행위'로 보고 징계했다고 한다. 민주당 일부 권리당원이 당에 신청한 금태섭 제명 청원에 대해 당

차원에서 결정한 것이다.

민주당 지도부도 징계 결정이 적절했다는 입장을 밝혔다. 당대표 이해찬은 기자간담회에서 "금 전 의원이 기권한 법안(공수처법)은 반드시 지켜야 하는 강제 당론이었다"며 "강제 당론을 안 지켰는데 아무것도 안 하면 의미가 없지 않으냐"고 말했다. 또 이해찬은 일부 부정적 여론을 의식한 듯 "경고는 사실상 당원권 정지도 아니고 실제로 말이 징계지, 내부상 가장 낮은 수준의 징계"라고 말을 보탰다.

하지만 금태섭에 대해 민주당이 보복성 조치를 했다는 비판이 확산되었다. 금태섭은 공수처법 기권 이전에 조국 장관 후보자 인사청문회에서 그를 비판한 일 때문에 친문 당원들의 표적이 되기도 했다. 게다가 공수처법 표결에서 당론을 따르지 않았으니 단단히 미운 털이 박힌 상태였다. 그래도 금태섭에 대한 징계가 가혹한 것은 그가 이미 제21대 총선 공천에서 탈락해 징계 이상의 불이익을 받았기 때문이다.

금태섭은 제20대 국회 의정 활동에서 우수한 평가를 받아온 정치인이었지만, 조국을 비판했다는 이유로 친문의 표적이 되고 공천에서 탈락하는 아픔을 겪어야 했다. 정봉주가 나섰다가 컷오프되자 김남국이 뒤이어 나섰고, 여론의 비판으로 그가 물러서자 다시 강선우라는 정치 신인이 나섰다. 그 과정에서 민주당은 후보자 공모가 끝난 이 지역(서울 강서갑)에 이례적으로 추가 공모까지 하면서 어떻게든 경선을 하도록 만들었다. 친문 당원들을 의식해 금태섭에게 쉽게 공천을 주지 않겠다는 메시지였다. 금태섭은 친문 지지자들의 적극적인 경선 탈락 운동으로 패배를 겪어야 했다. 그때 금태섭은 "제가 부족해서 경선에서 졌다"며 결과에 승복했다.

민주당은 신인과 여성 가점을 적용하지 않더라도 강선우 후보가 이길 정도로 압승이었다고 말했다. 당심뿐만 아니라 여론조사로 나타나는 민심에서도 금태섭이 패배했다는 것이다. 그러니 민심과 당심의 괴리가 아니라, 평소 지역구 관리를 제대로 하지 않은 금태섭의 책임이라는 이야기다. 물론 아무리 당내에서 미운 털이 박혔지만, 지역구 여론이 좋았더라면 이런 사태는 없었을 것이다. 그래서 금태섭도 경선 결과에 승복하며 책임을 지는 모습을 보였다.

당론 위배가 그렇게도 큰 죄인가?

국회의원이 공천을 받지 못했으면 가장 큰 벌을 받은 셈이다. 그래도 거기에 승복했다면 민주당은 금태섭에게 더는 책임을 묻지 않았어야 옳다. 그러나 민주당은 공천 탈락으로는 성에 차지 않았는지 굳이 징계라는 이중의 벌을 내린 셈이다. 이제는 야당의 발목잡기도 두려울 것이 없게 된 공룡 여당이 되었기에 제21대 국회 개원을 맞으며 조금은 더 넉넉하고 포용력 있는 모습을 기대했다.

하지만 덜컥 날아든 금태섭에 대한 징계 소식은 그런 기대에 찬물을 끼얹고 말았다. 금태섭은 '전례가 없는 위헌적 징계'라며 재심을 청구했지만, 여론의 비판을 의식한 민주당 윤리심판원은 이것도 저것도 아닌 눈치 보기로 시간만 끌었다.

재심 청구의 결론이 나오지 않자, 2020년 10월 금태섭은 민주당을 탈당했다. 금태섭의 탈당은 여당인 민주당이 집단의 판단과는 다른 개인의 판단을 용인하지 못하는 정당 문화를 그대로 보여주었다. 민주화 운동을 했던 세대가 주류가 된 정당에서 민주주의가 사라지고 전체주의적인 문화가 지배하고 있는 현실은 역사의 아이러니다.

민주당은 뒤끝이 너무나도 강했다. 국회의원을 하던 정치인이 출마 자체를 못하게 되는 것은 사실상 정치생명이 끊어질 수 있다는 것을 의미한다. 그런 정치인에게 다시 한번 징계라는 '확인 사살'을 했다. 정치라는 것이, 그것도 한솥밥을 먹던 사람에게 그렇게까지 잔인해야 했는지는 모르겠다. 공룡 같은 큰 여당인 줄 알았는데, 이렇게 작은 모습을 우리에게 보여주었다. 앞으로 민주당에 소속된 174명의 국회의원 가운데 감히 당론을 어기고 소신 투표를 할 의원을 찾아보기는 쉽지 않을 것이다. 그런 의도로 민주당이 이런 결정을 내린 것 아니겠는가.

국회법 제114조의 2는 국회의원의 자유투표에 대한 조항이다. 여기에는 "의원은 국민의 대표자로서 소속 정당의 의사에 기속되지 아니하고 양심에 따라 투표한다"고 명기되어 있다. 그러니 당론에 기속羈屬될 것을 요구하며 금태섭을 징계한 결정은 국회법을 무시한 것이다. 한때 정당 개혁을 논의할 때 당론에 구속받지 않는 자유투표 혹은 교차투표가 허용되어야 한다는 의견이 힘을 얻던 시절이 있었다. 국회의원들이 당의 거수기에서 벗어나야 한다는 공감대가 있었다.

그 뒤로 설혹 당론과는 달리 소신 투표를 했다고 해서 소속 의원을 징계한 사례는 적어도 근래에는 본 기억이 없다. 하필이면 이런 정치를 한 정당이 2020년 총선에서 압도적 승리를 거둔 민주당인 것이 무척 유감스럽다. 겸손하겠다고 다짐했던 4월 16일의 약속은 어디로 간 것인가?

다른 목소리를 허용하지 않는 민주당

그렇다면 당내에서 쓴소리를 자주 하는 '이단자'를 대하는 민주당의 분위기는 어떨까? 제20대 국회에서 소신 행보를 했던 금태섭은 민주당의 열성 지지자들에게서 문자폭탄을 받고 "그런 배신자는 공천에서 반드시 탈락시켜야 한다"는 소리를 들어왔다. 민주당의 지도부 또한 그런 분위기를 의식해서인지 다른 현역 의원들의 지역구는 무더기로 단수 공천을 하면서도 서울 강서갑에 대해서만은 경선을 하자는 입장을 고수했다.

금태섭의 공천 탈락과 징계가 민주당 내에서 앞으로 다른 목소리를 내면 어떻게 되는지를 보여준 사례로 꼽힌다. 하지만 민주당도 득보다 실이 클 수밖에 없다. 민주당은 내부의 다른 목소리조차 포용하지 못하는 정당으로 인식될 것이고, 민심을 제대로 대변할 수 없는 정당이 될 것이기 때문이다. 열성 지지자들의 눈 밖에 나는 발언을 삼가는 정치는 자신들의 좁은 울타리 안에 갇히게 된다. 존 스튜어트 밀John Stuart Mill은 『자유론』에서 이렇게 말했다.

"진리의 절반을 소리 없이 억압하는 것이 사실은 더 무서운 결과를 낳는다. 사람들이 억지로라도 양쪽 의견을 모두 듣게 되면 언제나 희망이 있다. 그러지 않고 오직 한쪽만 듣게 되면, 오류가 편견으로 굳어지고 반대편에 의해 거짓으로 과장되면서 진리 자체가 진리로서 역할을 할 수 없게 된다. 인간의 능력 가운데 팽팽하게 맞서는 두 의견에 대해 재판관처럼 공정하게 지적 판단을 내리는 능력만큼 드문 것도 없다. 모든 주장 속에 진리가 어느 정도는 다 들어 있기 때문에, 대립하는 모든 주장에 대해 변론을 펼 수 있을 뿐만 아니라 상대방 주장도 경청하도록 훈련되어야 진리에 이를 가능성이 커진다."

우리가 우려하는 것은 한쪽만 듣고, 한쪽만 대변하는 민주당의 모습이다. 당의 주류와는 다른 생각도, 그 또한 많은 국민의 생각을 대변하는 것이라면 그렇게까지 혐오하거나 배제할 일은 아니다. 금태섭의 공천 탈락과 징계는 그런 신호로 남을 것으로 우려된다. 2020년 총선 이후 거대 정당이 된 민주당이 당내의 다른 목소리를 허용하지 않은 채 강경파의 선도 속에 독주를 거듭하다가 민심을 잃는 상황을 보니, 그것이 기우는 아니었던 것 같다.

제3부

조국과
추미애의
늪에
빠지다

"이성의 지시에 따라서
행동할 준비가 되어 있는 인간은
얼마 되지 않는다."

★★★ 월터 리프먼Walter Lippmann

폭주하는 추미애,
브레이크가 없었다

윤석열 몰아내기에 몰두한 추미애

2020년 성탄 전야에 서울행정법원은 윤석열 검찰총장이 추미애 법무부 장관을 상대로 제기한 징계 처분 집행정지 신청 사건을 일부 인용 결정했다. 이에 따라 윤석열은 '정직 2개월' 징계가 확정된 후 8일 만에 업무에 복귀하게 되었다. 본안 소송의 결과가 나오기까지는 제법 시간이 걸릴 테니 윤석열은 2021년 7월까지 임기를 다 채울 수 있게 된 셈이다.

법무부 장관이 된 후 1년 내내 윤석열 몰아내기에 전력을 기울이다가 결국 징계를 밀어붙였던 추미애는 물론이고 이를 최종 재가한 문재인에게 큰 타격을 입히는 상황이 되어버렸다. 윤석열을 물러나게 하는 것은 고사하고 도리어 문재인이 사과해야 하는 사태를 낳게 된 이유는 무엇이었을까?

법원이 윤석열의 손을 들어주면서 추미애는 윤석열과의 대결에서 3전 3패를 기록했다. 직무 정지 처분에 대해서도 12월 1일, 민간 위원들로 구성된 법무부 감찰위원회가 만장일치로 윤석열의 직무 정지는 부당하다고 의결했고, 같은 날 서울행정법원은 추미애의 윤석열 직무 정지 명령의 효력을 중지시키며 총장직 복귀를 결정했다. 이어서 법원이 법무부의 윤석열 징계 처분을 정지시키면서 완패한 것이다.

추미애와 윤석열의 갈등이 시작된 것은 추미애가 법무부 장관에 취임한 2020년 1월부터였다. 추미애는 취임 직후 검찰 인사를 단행했는데, 윤석열의 측근들이 대거 좌천되었고 친親정부 검사들이 중용되었다. 검찰 인사를 통해 윤석열의 운신을 제약하며 압박하던 추미애는 MBC에서 채널A와의 '검언 유착' 의혹을 보도하자 이를 윤석열을 거세하기 위한 절호의 기회로 삼았다.

추미애는 '검언 유착' 의혹 수사에 대해 수사지휘권을 발동해 윤석열을 배제하고 이성윤 서울중앙지검장의 지휘를 받는 서울중앙지검 수사팀이 독립적으로 수사하도록 했다. 이에 따라 윤석열과 가까운 한동훈 검사장이 수사를 받게 되었지만, 아무런 혐의도 확인되지 않았다. 그러자 검찰수사심의위원회는 한동훈에 대해 수사를 중단하고 재판에도 넘기지 말 것을 권고했다. 이는 추미애의 수사지휘권을 무색하게 만든 것이었다.

결국 추미애의 지시에 따른 서울중앙지검의 적극적인 수사에도 한동훈의 혐의는 아무것도 드러난 것 없이 종결되었다. 오히려 한동훈에 대한 압수수색 과정에서 몸을 날리며 제압한 정진웅 검사가 독직폭행 혐의로 기소되어 재판을 받는 처지가 되었다. 별다른 근거도 없이 '검언 유착'을 단언했던 추미애로서는 여러 가지로 면목이 서지 않는 상황이 된 것이다.

법치를 무너뜨린 무리한 징계의 후폭풍

그럼에도 추미애는 10월에 다시 두 번째 수사지휘권을 발동했다. 라임자산운용의 로비 의혹 사건과 윤석열 가족 관련 사건에 대해 서울중앙지검과 서울남부지검에 윤석열의 수사 지휘를 받지 말고 결과만 보고하라고 지시를 내렸다. 추미애는 그에 그치지 않고 윤석열에 대한 징계 청구와 함께 직무 배제 조치를 하면서 윤석열 몰아내기의 승부수를 던졌다.

추미애의 윤석열에 대한 징계 청구 사유는 언론사 사주(홍석현

중앙홀딩스 회장)와의 부적절한 접촉, 조국 전 장관 사건 등 주요 사건 재판부 불법 사찰, 채널A 사건·한명숙 전 총리 사건 관련 감찰·수사 방해, 채널A 사건 감찰 정보 외부 유출, 검찰총장 대면 조사 과정에서 감찰 방해와 정치적 중립 훼손 등 모두 6가지였다. 그러나 이들 사유는 대부분 사실관계와 증거가 취약한 무리한 내용이었다.

'재판부 불법 사찰'도 진짜 사찰이라고 할 만한 내용의 것이 없었다. 이 의혹을 수사한 서울고검은 지난 2월 윤석열에 대해 무혐의 결론을 내렸다. 이 징계 사유의 내용을 뜯어보면 징계 청구의 구실을 만들어내기 위해 억지스러운 주장들을 그대로 담았다고 판단된다. 그것을 갖고 친정부 학자들과 추미애 라인 검사들로 구성된 검사징계위원회는 정직 2개월의 징계를 내리게 된 것이었다.

그러나 장고 끝에 악수라고, 모욕주기식의 치졸한 방식은 박근혜 정부 시절 채동욱 검찰총장을 찍어낼 때보다도 비열했다. 두 정권에서 벌어진 '말 안 듣는 검찰총장 찍어내기'의 광경은 적폐 청산을 내걸고 출범했던 문재인 정부를 박근혜 정부와 같은 반열에 올려놓기에 충분했다. 아무리 미운 털이 박힌 검찰총장이라도, 그렇게까지 하면서 민심의 동의를 얻을 수 없었다.

검찰 개혁이 고작 '윤석열 몰아내기'였는가?

추미애는 윤석열의 징계를 밀어붙이기까지 1년 내내 무리한 언행을 하면서 법치의 책임자가 법치를 무너뜨린다는 비판을 초래했다. 특히 윤석열에 대한 징계는 숱한 편법과 위법 논란을 불러일으키며 진행되었다. 무엇보다 사실관계가 제대로 확인되지 않은 채 예정된 징계 시나리오에 따라 정직 결정을 내렸다는 비판을 받았다. 법무부 검사징계위원회가 시간에 쫓기듯 징계 절차를 진행한 것만 보아도 궁색할 수밖에 없었다.

민주당이 윤석열을 그대로 놓아둘 수 없다고 판단했다면, 문재인이 해임하거나 국회에서 탄핵 의결을 했어야 할 일이다. 그렇게 위법하고 부당한 징계로 법치주의의 원칙을 파괴하고 죄를 뒤집어씌우는 방식으로 할 일은 아니었다. 더구나 추미애의 앞뒤 가리지 않는 거친 행보로 인해 문재인 정권에 대한 민심도 크게 악화되는 지경에 이르렀다. 이는 결국 집권 세력이 그토록 외쳐온 검찰 개혁의 순수성을 의심받게 만들어 검찰 개혁에 대한 국민의 동의를 받을 수 없게 만드는 결과를 낳았다.

애당초 검찰 개혁은 국민적 합의처럼 되었던 사안이다. 문재인 정부가 출범할 때만 해도 그랬다. 비대한 권력이 되어 부패한 검사 감싸기를 거듭해온 검찰 권력을 개혁하자는 데 반대할 국민은 거의 없었다. 그런데 제도 개혁이 아니라 오직 윤석열 몰아내기가 전

부였던 추미애식 검찰 개혁은 그런 국민적 합의에 심각한 균열을 내고 말았다. 국민들은 윤석열 몰아내기에 그토록 매달린 이유를 알고 있었다. 그것은 순수한 의미의 검찰 개혁을 위해서가 아니라 살아 있는 권력에 칼날을 들이댄 검찰총장에 대한 응징이었다.

그러니 검찰 개혁에 대한 국민적 합의는 산산조각이 되어버리고, 진정한 의미의 검찰 개혁은 길을 잃게 되었다. 검찰의 중립성과 독립성이 훼손당하는 광경을 지켜보면서 그것이 검찰 개혁이라고 믿는 국민은 그리 많지 않았다. 추미애가 한 일은 검찰 개혁이 아니라 검찰 장악이었다.

왜 아무도 추미애를 말리지 못했을까?

추미애가 밀어붙이고 법원에 의해 제동이 걸리면서 문재인 정부와 민주당은 심각한 타격을 입게 되었다. 그렇지 않아도 문재인의 지지율이 속절없이 하락하던 상황에서 이 사건으로 문재인의 레임덕이 시작되었다는 관측도 나왔다. 문재인의 열렬한 지지자들에 의해 검찰 개혁의 기수로 추앙받던 추미애가 문재인 정부에 가장 큰 위해危害를 주게 된 것이다. 어떻게 그런 일이 가능했던 것일까?

추미애는 윤석열의 징계 회부 사실을 청와대에 불과 1시간 전에 통보했다. 정권까지도 흔들어놓을 수 있는 그렇게 민감한 사안을 사전 협의조차 없이 덜컥 밀어붙인 것에 대해 여당 전체가 당혹스러울 법도 했다. 하지만, 어쨌든 청와대와 여당은 추미애에게 힘을 실어주는 모습을 보였다. 윤석열의 징계 회부를 끝낸 추미애가 사의를 표하자 문재인은 "추미애 장관의 추진력과 결단이 아니었다면 공수처와 수사권 개혁을 비롯한 권력기관 개혁은 불가능했을 것이다. 시대가 부여한 임무를 충실히 완수해준 것에 대해 특별히 감사하다"며 치켜세웠다.

윤석열의 징계를 밀어붙인 것에 대해 자신에게 돌아올 후폭풍이 어떤 것일지 짐작조차 하지 못한 대통령의 부적절한 말이었다. 문재인이 그만큼 민심을 읽지 못하고 있었다는 이야기다. 결국 문재인은 자신까지 힘을 실어준 그 징계로 인해 국민들에게 사과해야 하는 지경에 처하고 말았다.

추미애가 윤석열 몰아내기에 몰두하고 폭주해도 집권 세력 내에서 이를 말리거나 비판하는 사람이 없었다. 조응천만이 고언을 했다가 민주당 지지자들에게서 온갖 공격을 받아야 했다. 기본적으로는 자신이 임명한 법무부 장관이 그 난리를 쳐서 민심이 등을 돌리고 있는데도, 거기에 제동을 걸지 못하고 오히려 힘을 실어준 대통령의 무능과 무책임의 결과다.

민주당도 무능하고 무책임하기는 마찬가지였다. 상식과 이성을 갖고 있고 민심을 무섭게 여기는 정당이라면 법무부 장관의 난폭한 언행과 법규를 무시하는 조치에 대해 제동을 걸었어야 했다. 하지만 174석이라는 신선놀음에 도끼자루 썩는 줄 몰랐던 민주당은 추미애를 고무하고 지지하는 언동을 계속했다. 당대표 이낙연은 존재감이 미미했고, 당내 강경파들에게 끌려 다니는 모습만 보였다. 리더십이 없는 여당 대표의 모습은 낙제점에 가깝다고 할 수 있다.

민주당 대표는 이낙연이 아니라 초선의 김남국·김용민이라는 비아냥이 나올 정도였다. 그래도 오랜 역사를 갖고 있는 민주당이 어떻게 이 지경까지 되었는지 불가사의한 일이다. 국민이 아니라 강성 지지자들만 보고 가는 정치가 초래한 비극이다. 추미애가 윤석열 몰아내기에 몰두했던 2020년, 이 사태를 해결할 민주당 내의 리더십은 어디서도 보이지 않았다.

선출된 권력은
견제하면 안 되는가?

'선출된 권력에 대한 쿠데타'라는 주장

서울행정법원이 윤석열의 정직 2개월 징계에 대해 집행정지 결정을 내리자, 여당과 그 지지자들 사이에서는 '선출된 권력'에 어떻게 '선출되지 않은 권력'이 마음대로 제동을 걸 수 있느냐는 비난이 쏟아졌다. 청와대 국민청원 게시판에는 그 같은 결정을 내린 판사들의 실명을 거론하며 탄핵을 요구하는 청원까지 등장했다. 이들은 문재인 정부가 '선출된 권력'임을 내세우며 검찰이든 법원이든 '선출되지 않은 권력'이 그에 반하는 행위를 해서는 안 된다고 주장했다.

여당 정치인들과 진영의 대변자들도 가만있지 않았다. "윤석열 총장에게 알려드린다. 국민이 선출한 대통령에 대한 소송, 그것이 바로 정치적인 행위다."(강선우 대변인) "주권자가 선택한 대통령과 대통령을 중심으로 한 국가운영체계를 선출되지 않은 국가기구 담당자들이 마구 흔들어대는 것이다."(민형배 의원) "이들(정치검찰)은 선출 권력의 지휘 체계를 그토록 교란시키고 공격 목표로 삼는 헌법 파괴 행위를 일삼았던 것이다."(김민웅 교수) "지금 검찰, 법원이 한 몸이 되어 국민의 민주적 통제, 국민에 의해 선출된 권력에 의한 민주 통제를 거부하고 있다."(서기호 변호사) "검찰과 사법이 하나가 되어 법적 쿠데타를 만들어낸 것 아니냐."(김어준)

추미애의 제청으로 문재인이 최종 재가한 윤석열에 대한 징계를 법원이 뒤집은 것은 선출된 권력에 대한 도전이라는 것이 민주당과 그 지지자들의 생각이었다. 그런 비난이 법원을 향해서만 있었던 것은 아니다. 지지자들은 그동안 검찰의 '살아 있는 권력 수사'와 정권의 결정에 제동을 거는 법원의 판결에 대해서도 '선출된 권력 vs 선출되지 않은 권력'의 프레임을 들이댔다.

이 프레임은 선출된 권력은 신성불가침이라는 그릇된 인식을 심어준다. 그래서 견제와 균형이라는 민주주의의 기본 정신을 훼손할 위험이 대단히 크다. 또한 누구에게나 예외 없이 공정해야 할

법의 논리를 부정하고 정치 논리로 모든 사안을 해석하려고 든다. 선출된 권력이라 해도 국민에게서 권력을 한시적으로 위임받은 것일 뿐인데, 누구의 견제도 받지 않는 절대권력이라고 생각하는 것이다.

민주주의에 대한 부정

과연 선출된 권력이 선출되지 않은 권력의 견제를 받아서는 안 되는 것인가? 조금만 생각해보면 그러한 궤변이 민주주의 제도에 대한 무지에서 기인하는 것임을 알 수 있다. 삼권 분립은 국가권력의 작용을 입법·행정·사법으로 나누어 각각 별개의 기관에 분담시켜 서로 견제·균형을 유지시킴으로써 국가권력의 집중과 남용을 방지하려는 통치 원리다. 이러한 삼권 분립은 국가권력의 전횡을 방지해 국민의 자유를 보호하기 위한 것이다.

대한민국 헌법도 입법권은 국회에(제40조), 행정권은 대통령을 수반으로 하는 정부에(제66조 4항), 사법권은 법관으로 구성된 법원에(제101조) 속한다고 규정한다. 그러니 사법부의 독립성이 보장되어야 함은 두말할 나위가 없다. 선출된 권력 또한 사법부의 견제를 받도록 하는 것이 삼권 분립주의에 부합된다.

더 나아가 최장집 교수는 이러한 삼권 분립만으로는 충분하지 않다고 지적한다. 최장집은 행정부 수장인 대통령이 가져야 할 규범으로 자신의 권력 사용에 대한 절제를 강조한다. "특히 입법부와 사법부에 대한 대통령 권력의 절제는 삼권 분립이 효력을 가질 수 있는 중심적인 규범이 아닐 수 없다."

그런 점에서 윤석열 징계로 귀결되었던 일련의 과정은 대통령의 권력이 절제되지 못한 모습을 보여준다. 표면적으로 대통령의 권력이 직접 앞에 나서지 않았다고 하지만, 대통령의 여러 발언과 최종 재가 행위 등을 놓고 볼 때, 추미애의 권력 행사 뒤에는 문재인의 뜻이 있었기 때문이다. 법원이 대통령이 재가한 징계에 대해 제동을 건 것은 삼권 분립 정신에 부합되는 상호 견제와 균형의 원리에 따른 것으로 이해할 수 있다.

오늘날 삼권 분립이 입헌 정부의 보편적 특징이 되고 있는 점을 감안하면, 선출된 권력을 견제해서는 안 된다는 진영 내 지지자들의 주장은 민주주의를 하지 말자는 것과 다를 바 없다. 오히려 문제는 현행 헌법에서도 대통령이 입법부·사법부에 대해 우월적 권한을 행사하는 데 있다. 이 지지자들의 주장과는 달리, 우리의 헌법에서는 오히려 삼권 분립이 강화되어야 할 필요성이 있다.

민주주의는 어떻게 무너지는가?

　지지자들은 선출된 권력이 무조건 민주주의적 통치의 정당성을 갖고 있는 것으로 착각한다. 스티븐 레비츠키Steven Levitsky와 대니얼 지블랫Daniel Ziblatt은 『어떻게 민주주의는 무너지는가』에서 선출된 권력에 의해 무너지는 민주주의에 대해 경각심을 가질 것을 말하고 있다.

　"오늘날 민주주의는 그렇게 죽어가고 있다. 파시즘과 공산주의, 혹은 군부 통치와 같은 노골적인 형태의 독재는 전 세계적으로 점차 종적을 감추고 있다. 최근에는 군사 쿠데타를 비롯하여 다양한 형태의 폭력적인 권력 장악은 찾아보기 힘들다. 대부분의 국가가 정기적으로 선거를 치른다. 그럼에도 민주주의는 다른 형태로 죽어간다. 냉전이 끝나고 민주주의 붕괴는 대부분은 군인이 아니라 선출된 지도자의 손에서 이뤄졌다. 베네수엘라의 차베스는 물론 조지아, 헝가리, 니카라과, 페루, 필리핀, 폴란드, 러시아, 스리랑카, 터키, 우크라이나에서도 선거로 추대된 지도자들이 민주주의 제도를 전복했다. 오늘날 민주주의 붕괴는 다름 아닌 투표장에서 일어나고 있는 것이다."

　이처럼 쿠데타, 계엄령 선포, 헌정 질서의 중단처럼 독재의 '경계를 넘어서는' 명백한 순간이 없기 때문에 사회의 비상벨은 울리지 않는다. 그것을 독재라고 비판하는 사람들은 과장이나 거짓말을 한다고 오해를 받는다. 대부분 사람들은 민주주의가 무너지고 있다는 사실을 제대로 인지하지 못하기 때문이다. 그러면서 민주주의는 조금씩 죽어간다. 단지 선출되었다는 이유로 견제받지 않는 권력은 언제든지 전제정專制政으로 치달을 수 있는 위험천만한 것임을 우리는 생각해야 한다. 최장집도 견제받지 않는 권력의 위험성에 대해 이렇게 말했다.

"대통령은 초집중화된 권력을 통해 정부를 운영 내지 통치한다. 그 결과는 두 방향으로 나타난다. 하나는 특정의 통치 체제가 민주주의일 수 있게 하는, 삼권 분립을 불가능하게 한다는 것이다. 그로 인해 법의 지배가 가능하지 않은 '전제정'적 상황을 만들어낼 위험이 크다."

문재인 정부하에서 검찰 개혁을 내걸고 진행되었던 일련의 과정에서는 민주주의적 절차를 부정하는 일들이 공공연하게 자행되었다. 그리고 선출된 권력을 내세워 그에 대한 견제를 받아들이지 않으려는 여당 정치인들도 다반사였다. 그렇게 우리의 민주주의는 조금씩 다시 뒤로 가고 말았다.

'검찰 개혁'이 아닌
'검찰 장악'의 길로 가다

'정권 관련 수사는 하지 마라'는 메시지

박근혜 정부 시절이던 2013년 9월, 황교안 법무부 장관은 채동욱 검찰총장에 대한 감찰을 지시했다. 『조선일보』의 보도를 통해 불거졌던 '혼외자' 논란이 이유였다. 하지만 국정원 댓글 사건을 지휘하면서 정권에 부담을 준 검찰총장에 대한 찍어내기라는 소문이 파다했다. 문재인 정부 시절인 2020년 7월, 추미애는 한동훈에 대한 감찰을 지시하고 윤석열의 수사지휘권을 박탈했다.

MBC 보도를 통해 불거진 '검언 유착' 의혹 규명이 이유였다. 하지만 정권 관련 수사를 해왔던 검찰총장을 겨냥한 표적 감찰과 수사라는 소문이 파다했다.

그래서 '채동욱 데자뷔'라는 말이 돌았다. 박근혜 정부 시절 채동욱이 당했던 일을 윤석열이 당하고 있다는 의미일 것이다. 추미애를 비롯한 집권 세력은 오직 검찰 개혁을 위한 것이라고 말했다. 그러나 한동훈이 윤석열의 최측근이었기에 표적이 되었다는 정황은 차고 넘친다.

윤석열을 배제한 채 이성윤의 지휘를 받던 수사팀은 "다수의 중요 증거들을 확보했다"고 말해왔다. 그런데 검찰수사심의위원회를 열어 서로의 패를 꺼내 보니, '한동훈·이동재 녹취록' 이외에는 다른 증거가 없었다. 수사팀이 유일한 증거로 주장했던 녹취록마저도 검찰수사심의위원들에게서 공모의 증거로 인정받지 못했다. 이 녹취록 전문을 읽어본 사람 가운데, '한동훈은 반드시 죄가 있어야 한다'는 신념을 가진 사람들을 제외한다면, 그것을 공모의 증거로 받아들일 사람은 거의 없을 것이다. 서울중앙지검 수사팀이 거짓말을 했던 셈이다.

게다가 서울중앙지검은 KBS의 오보 사태를 낳은 '가짜 정보'를 제공했다는 의혹을 받았다. 서울중앙지검은 이미 녹취록에 대한 '악마의 편집'을 해서 방송사에 흘렸다는 의혹 또한 받고 있던 터였다. 수사팀은 왜 그렇게까지 무리를 한 것일까? 추미애가 이미 '검언 유착'임을 단정하고 서울중앙지검에 수사의 전권을 부여했기 때문이다. 추미애는 국회 답변을 통해 이 사건을 '검언 유착'으로 단정했다. 더 나아가 자신의 SNS를 통해 "문제는 검언 유착이다. 검언이 처음에는 합세하여 유시민 개인을 저격했다", "검언 유착 의혹 수사에 어떤 장애물도 성역도 있어서는 안 된다"는 단정적 주장들을 해왔다.

아직 수사가 진행 중인데, 법무부 장관이 사건의 성격을 단정하는 것은 가이드라인을 제시하는 대단히 부적절한 일이었다. 그러나 추미애는 개의치 않고 그런 행위를 반복했다. 자신이 믿는 서울중앙지검에 자신이 요구하는 정답을 가르쳐준 셈이다. 역시 수사가 진행 중이라 사건의 실체가 확인되지 않은 상태에서 추미애는 한동훈을 징계하라고 감찰 방침을 밝힌 것이다.

추미애는 수사지휘서에도 "검사와 기자가 공모한 사건"이라며 "이를 뒷받침하는 여러 증거들이 제시된 상황"이라고 주장했지만, 검찰수사심의위원회에서 인정받지 못했다. 법무부 장관이 수사지휘권을 행사한 것이 15년 만의 일인데, 태산명동서일필泰山鳴動鼠一匹(태산이 떠나갈 듯 요동쳤으나 뛰어나온 것은 쥐 한 마리뿐이다)이 되고 말았으니, 법무부의 흑역사로 기록되게 되었다.

정권 수사 검사들에 대한 숙청

추미애는 취임 이후 여러 차례 검찰 인사를 통해 고분고분하게 말을 듣지 않는 검사들을 좌천시키고 친정부 성향의 검사들을 중용했다. 취임 직후 검찰 인사를 통해 윤석열 라인을 대거 좌천시켰던 추미애는 다시 7월 인사를 통해 정권 관련 수사를 했던 검사들에 대한 대학살에 들어간다. 정진웅 검사를 감찰했던 정진기 서울고검 감찰부장은 대구고검 검사로 좌천되었다. 게다가 감찰부 검사 6명 가운데 5명이 지방으로 뿔뿔이 좌천되어 감찰부가 사실상 공중분해 되어버렸다. 이는 정진웅 검사를 감찰하지 말라는 메시지로 받아들여졌다.

울산시장 선거 개입 의혹 사건을 수사했던 김태은 서울중앙지검 공공수사2부장은 대구지검 형사1부장으로 좌천되었고, 삼성 불법 경영권 승계 의혹을 수사해온 이복현 경제범죄형사부장은 대전지검으로 좌천되었다. 유재수 전 부산시 경제부시장에 대한 감찰 무마 의혹을 수사한 서울동부지검의 이정섭 형사6부장은 수원지검으로 좌천되었다. "검찰을 다루는 저들의 방식에 분개한다"며 법무부를 비판했던 이영림 서울남부지검 공보관은 대전고검으로 좌천되었다. 추미애 아들의 휴가 미복귀 사건을 지휘했던 김남우 서울동부지검 차장검사는 검찰 인사를 앞두고 미리 사의를 표했다.

윤석열의 지휘를 받으며 정권을 불편하게 만들었던 검사들은 박근혜 정부의 적폐를 청산하겠다던 문재인 정부에 의해 이렇게 줄줄이 좌천을 당하게 된다. 윤석열과 호흡을 맞추었던 검사들은 완전히 제거되었고, 그 자리에는 추미애와 이성윤이 발탁한 검사들이 대거 포진했다. 독직폭행 논란을 빚어 피의자로 전환된 정진웅 서울중앙지검 형사1부장은 광주지검 차장검사로 승진했다.

서울서부지검 등에서 이성윤과 함께 근무했던 김욱준 4차장은 최선임 차장검사인 1차장으로, 추미애의 입 역할을 했던 구자현 법무부 대변인은 3차장으로 각각 영전했다. 채널A 취재 의혹 사건 수사를 담당했던 부장 검사와 부부장 검사도 모두 승진했다. 추미애 아들의 휴가 미복귀 사건을 지휘하게 될 서울동부지검장에도 추미애 라인으로 꼽히는 김관정 대검찰청 형사부장이 임명되었다. 그는 대검찰청에 근무하면서 검언 유착 사건 처리를 두고 윤석열과 대립되는 의견을 내기도 했고, 결국 추미애 아들의 휴가 미복귀 수사에서 총대를 메고 무혐의 처분을 이끌어낸다.

진혜원 검사 영전은 한 편의 코미디

7월 검찰 인사를 희화화시켜버린 절정은 진혜원 대구지검 부부장 검사의 영전이었다. SNS에 문재인 대통령을 달님으로 칭하며 찬양하는 글을 게재하고, 김정숙 여사의 수해 복구 현장 사진을 올리며 "다른 누구에게서도 찾아보기 어려운 진정성과 순수함을 느끼게 된다"고 했던 진혜원은 서울동부지검 부부장 검사로 영전했다. 진혜원은 박원순 등과 팔짱을 끼고 있는 사진을 SNS에 올리며 피해자에 대한 2차 가해를 했다는 논란도 불러일으켰던 '정치 검사' 소리를 듣던 인물이었다.

추미애의 숙청 인사로 윤석열은 진작부터 식물 총장이 되었다. 앞으로 정권 관련 인사들의 비리가 있은들, 누가 감히 살아 있는 권력에 대한 수사를 할 수 있을까? 대한민국의 시계는 거꾸로 돌아가고 있다. '검찰 개혁'이라는 양의 머리를 걸어놓고 '검찰 장악'이라는 개고기를 파는 일이 버젓이 벌어졌던 것이다. 문재인 정부의 검찰 개혁은 오로지 '윤석열 찍어내기'가 시작이고 끝이 되어버렸다. 윤석열의 힘을 빼고, 윤석열을 물러나게 만드는 것이 '추미애식 검찰 개혁'이 되어버렸다.

그래서 부적절한 '검언 유착' 단정, 검찰총장 수사지휘권 박탈, 무리한 감찰과 징계 지시 같은 대소동이 벌어진 것이다. 코로나19 위기로 국민들이 고통받고 있던 시기에 문재인 정부와 민주당은 징계까지 밀어붙이며 '윤석열 찍어내기'에 몰두했다. 윤석열을 찍어내는 일이 그렇게도 다급한 일이었는지 묻지 않을 수 없다.

검찰 인사를 앞두고 법무부 산하 법무·검찰개혁위원회는 검찰총장의 구체적인 수사지휘권을 폐지하고 각 고검장에게 분산하라는 내용의 권고안을 내놓았다. 이 권고안이 현실화될 경우 법무부 장관이 직접 고검장을 통해 모든 수사 지휘를 하게 되고 검찰총장은 허수아비가 되어버린다. 법무부 장관이 사실상 검찰총장의 역할을 겸하게 된다. 권력의 외압을 막을 사람이 더는 없는 가운데 하명수사는 힘을 받을 것이고, 정권 관련 인사들에 대한 수사는 불가능해진다. 검찰 개혁의 핵심이었던 검찰의 정치적 중립은 쓰레기통에 던져진 채 검찰은 다시 정권의 하수인이 되고 말 것이다.

가장 불의했던 법무부의 흑역사

문재인 정부는 '검찰 개혁'의 깜빡이를 켜고 '검찰 장악'의 길로 가버렸다. 모름지기 법과 제도를 바꾸는 일은 국가의 앞날을 생각하며 이루어져야 하는데, 정권이 교체되면 그 후과後果를 스스로 감당할 수 있을지 의문이다. 후일 야당에 정권이 넘어가 그 정권의 법무부 장관이 검찰 수사를 사사건건 좌지우지했을 때는 뭐라고 할 것인가? 설마하니 그때 가서 다시 검찰 독립을 외칠 것인가? 2020년 7월에 있었던 일들은 가장 정의로움을 자처했던 문재인 정권이 만든 가장 불의한 흑역사로 기록될 것이다.

다시 박근혜 정부 시절의 기억이 떠오른다. 2013년 국정원 댓글 공작 의혹 사건 수사팀장을 맡았던 윤석열은 영장 청구 보고·결재

절차를 어겼다는 이유로 수사팀장에서 해임되고 정직 1개월의 징계를 받았다. 그다음 해 1월에 있은 검찰 인사에서 그는 대구고검으로 좌천되었다. 윤석열과 함께 수사팀을 이끌던 박형철 검사도 감봉 1개월의 징계 처분을 받았고 대전고검으로 좌천되었다.

당시 수사팀은 수사 과정에서 법무부와 갈등을 빚었다. 수사팀은 원세훈 전 국정원장에게 공직선거법 위반 혐의를 적용해야 한다고 했지만, 정권의 역린逆鱗을 건드린다고 판단한 법무부는 강력히 제동을 걸었던 것이다. 이때의 검찰 인사를 통해 박근혜 정부는 국정원 댓글 사건 수사팀을 사실상 공중분해 시켜버린다. 그 같은 검찰 인사를 책임졌던 사람이 바로 황교안이었다. 문재인 정부 시절인 2020년, 추미애가 황교안이 되고 말았다. 영락없는 '황교안 데자뷔'다.

그런데 황교안이 들으면 화를 낼지도 모르겠다. 자신은 국정원 댓글 수사팀을 공중분해 시켰을 뿐, 이렇게까지 검찰 조직 전체를 깨알같이 손보지는 않았다고 말이다. 한동훈과 이동재의 대화가 담긴 '녹취록'에 이런 내용이 나온다. 한동훈은 국정원 댓글 수사 때 오히려 황교안은 이렇게까지는 하지 않았다고 말한다. "검찰에서 의견을 가지고 오면 퉁기고 퉁기고 하는 거지 이렇게까진 안 했다." 박근혜 정부를 적폐라며 청산해야 한다던 문재인 정부에서 '이렇게까지' 해버린 광경이 기가 막히다. 모든 정권은 영원할 수 없는 시한부이거늘, 훗날 이 책임을 어떻게 지려고 하는가?

박범계가 법무부 장관이 되고서 2월 검찰 인사를 했지만, 그동안 편파 수사 논란을 빚어온 이성윤을 유임시킴으로써 '추미애 시즌 2'의 모습을 보여주었다. 이 과정에서 박범계는 이성윤을 교체하자고 주장한 신현수 청와대 민정수석을 패싱한 채 문재인의 재가를 받아 기습적으로 발표해 신현수가 사의를 표하는 파동을 일으켰다. 달라진 것은 장관의 이름 석 자 이외에 아무것도 없었다.

삼세번 좌천당한
한동훈

한동훈의 기구한 유배지 생활

한동훈은 2020년 10월, 머물던 유배지에서 다른 유배지로 좌천되었다. 추미애이 이끄는 법무부가 그를 법무연수원 진천 본원으로 출근하라고 통보한 것이다. 한동훈은 2020년 1월 검찰 인사때 '윤석열 라인'으로 찍혀 대검찰청 반부패·강력부장에서 물러난 뒤, 부산고검과 법무연수원 용인 분원을 거쳐 세 번째로 출근지를 옮기게 되었다. 한 해 동안만 세 번째 좌천이다. 특히 이번 인사는 한동훈이 국회 국정감사에 증인으로 출석하겠다고 한 것에 대한 보복으로 해석되었다.

한동훈은 어쩌다가 이렇게 유배지를 옮겨 다녀야 하는 기구한 처지가 되었을까? 윤석열의 측근으로 분류되었다는 것 말고는 다른 이유를 찾을 수가 없다. 추미애는 진작부터 채널A 이동재 기자와 한동훈의 공모를 단정하다시피 하며 "문제는 검언 유착"이라고 규정해왔다. 추미애는 이성윤이 지휘하는 서울중앙지검에 전권을 부여하기 위해 윤석열을 배제하는 수사지휘권까지 발동하고 한동훈을 좌천시키며 감찰하기로 결정했다. 그런데 수사지휘서를 통해 "공모를 뒷받침하는 여러 증거들이 제시된 상황"이라고 했지만, 막상 어떠한 증거도 드러난 것이 없다.

매일같이 SNS를 통해 자신의 주장을 쏟아내던 추미애는 한동훈을 압수수색하는 과정에서 발생한 정진웅 검사의 독직폭행 논란과 무리한 수사에 대해 여론이 불리하게 돌아가자 이 사건에 대해 입을 닫아버렸다. 자신에게 유리한 것 같으면 발언하고, 불리한 것 같으면 침묵하는, '선택적 발언'과 '선택적 침묵'의 비겁한 모습을 보였다. 추미애는 수사가 지지부진한 이유를 한동훈의 비협조 탓으로 돌리기까지 했다.

설혹 한동훈을 의심했다고 한들, 수사를 했는데도 아무런 증거가 없으면 원래의 자리에 돌려놓는 것이 인사권자의 책임이며 도리다. 세상에다 대고 '검언 유착'이라고 소리쳤던 추미애가 끝내

거두어들이는 모습을 어떻게든 보이지 않으려 하는 것은 자기의 정치적 체면 때문이다. 자신의 체면을 위해 무고한 한 인간의 삶을 핍박하고 욕보이는 이기적이고 무책임한 태도다. 상식을 가진 사람이라면 이럴 때 자신의 섣부른 예단을 사과하고 자신이 욕보인 사람을 원상 복귀시키는 것이 정치인 이전에 인간으로서 바른 태도다. 그러나 장관의 정치적 입신과 체면을 위해, 무고한 한 인간은 반드시 죄인이 되어야만 한다. 수많은 사건을 조작하던 독재정권 시절에나 있을 법한 이야기다.

박근혜의 '유승민 찍어내기'와 닮은 꼴

추미애를 지켜보노라면 자기 자신과 지지자들에 대해서는 한없는 나르시시즘에 빠져 있는 반면, 자기 눈 밖에 난 사람들에게는 대단히 가혹하고 잔인하다. 그러한 자기 분열적 모습을 지켜보아야 하는 것은 정상적인 심성을 가진 사람들에게는 무척 힘든 일이다. 박근혜 대통령 시절에 유승민처럼 한 번 눈 밖에 난 사람들에 대해 그토록 집요하고 가혹하게 응징을 했던 광경과 본질이 다르지 않다.

세 번째 유배지로 가게 된 한동훈은 "이해하기 어렵지만, 가서 근무하겠다"고 말한다. 온갖 수모를 당하면서도 견뎌내며 끝까지

검사직을 지키려는 그의 태도가 그를 치졸하게 유배시킨 권력자의 모습보다 몇십 배, 몇백 배 훌륭해 보인다. 국가가 제도와 합리적 룰이 아니라 권력을 가진 개인의 사적인 감정과 집착에 의해 운영될 때 "이것이 나라인가?"라는 질문은 다시 나올 수밖에 없다. 이 사람들이 그 시절 박근혜를 그토록 비난하던 그 사람들이 맞는가? 다시 이런 광경들을 지켜보며 살아야 하다니 기가 막힐 따름이다.

사기범의 제보만 갖고 '검언 유착' 의혹을 터뜨렸고, 아직도 별다른 근거도 제시하지 못하면서 공모 의혹을 집요하게 제기하고 있는 MBC도 언론으로서 책임을 져야 마땅하다. 자신들이 반복적으로 보도한 '공모' 주장이 사실무근의 허위였다면, 더는 자기주장만 강변하는 것이 아니라 합당하게 책임지는 모습을 보여야 할 것이다. 차제에 MBC가 왜 '어용 방송'이라는 비난을 듣고 있는지 깊은 성찰이 있어야 할 일이다. 어느덧 당신들이 김재철이 되고 김장겸이 되었다.

'한동훈 죽이기'의 권언 유착 의혹

이 사건은 문재인 정부에서 있었던 최악의 정치 스캔들로 기록되게 되었다. 이 모든 과정이 추미애가 제시한 '검언 유착' 가이드라인에 따라 수사지휘를 해온 이성윤과 그런 지휘를 충실히 따른 정진웅의 책임이다. 그런데 정작 추미애가 이런 무리한 수사를 진두지휘한 장본인이었으니 모양이 말이 아니게 되었다. 수사가 진행 중이고 실체적인 진실이 무엇인지 확인되지 않은 상태에서 법무부 장관이 앞장서서 사건을 단정하고 가이드라인을 제시한 책임은 매우 무겁다.

지난 2월 검사 인사에서도 한동훈은 윤석열의 복귀 요청을 거절한 박범계에 의해 그대로 유배지에 남게 되었다. 그가 무슨 죄를 지었길래 유배 생활을 해야 하는지 아무도 알 수가 없다. 한동훈을 수사했던 서울중앙지검 수사팀이 무혐의 결론을 내렸어도 이성윤이 한사코 결재를 거부한 일도 해괴한 장면이다.

이제는 책임을 묻는 시간이 있어야 한다. 이 사건의 책임을 제대로 따지기 위해서는 '권언 유착' 의혹에 대한 진상규명이 필요하다. 제보자가 "이제 작전에 들어갑니다"라고 했던 작전의 실체가 무엇이었는지, 그 작전에 가담한 정치인들은 누구였는지, KBS에 가짜 녹취록을 제공한 '제3의 인물'은 누구였는지, 정치공작과 조작이 만들어낸 실체를 규명하는 수사가 필요하다. 특임검사든 특검이든, 독립적인 수사를 통해 권언 유착 의혹을 규명해야 한다. 시나리오에 따라 나라를 흔들어놓고도 아무 일도 없었던 듯 지나간다면, "이것이 나라인가?"라고 최순실이 비웃을 일 아니겠는가? 우리가 사는 나라가 부디 상식이 지켜지는 나라이기를 바란다.

조국 사태,
대분열의 서막

단절의 장이 되어버린 SNS

"당신과 자손 대대로 저주 내리도록 빌 거야." "역겨운 박쥐. 자, 이제 어디로 둥지를 옮기실래나." 조국이 법무부 장관직에서 사퇴한 직후 금태섭의 SNS에 올라온 수많은 비난 댓글 중 일부다. 금태섭은 조국 장관 후보자 인사청문회 때 "조 후보자가 임명되면 우리 사회 공정성이 흔들릴 수밖에 없다"며 비판적 입장을 취했다. 조국 장관 임명 강행을 이해하지 못한 사람들은 여당 내에서

눈치 보지 않고 소신 발언을 한 금태섭을 응원했지만, '조국 수호'
를 외쳤던 사람들에게는 역적으로 내몰렸다.

대한민국을 뜨겁게 만들었던 '조국 사태' 기간에 SNS 또한 후
끈 달아올랐다. 모든 곳이 달아올랐는데 SNS만 예외일 수 없겠지
만, SNS는 더 나아가 진영 간 대결의 전쟁터가 되었다. "단군 이래
최대의 페친(페이스북 친구) 물갈이가 진행되었다"는 말이 나올 정
도로 조국 사태에 대한 의견 차이로 SNS에서 친구관계를 끊거나
아예 차단하는 일이 비일비재했다.

조국 사태에 대해 나와 의견이 다르면 그 사람에 대해 실망하고
배신감을 느껴 아예 보고 싶지 않은 마음이 들어버린 것이다. '그
사람을 다시 보게 되었다.' 찬성과 반대 양쪽에서, 하지만 정반대
의 이유로 나오던 말이었다. 1년 반 동안 지속된 조국 사태가 그만
큼 뜨거웠나 보다 하고 넘길 일만은 아니었다. 아무리 조국 사태가
뜨거웠던들, SNS에서 인간관계까지 좌지우지할 정도로 치달은
과열 현상은 우리가 SNS를 하는 의미를 돌아보게 한다.

한국 사회에서 SNS는 당초 기대되었던 소통과 공론의 장으로
서 그 역할을 하지 못하고 있음이 조국 사태를 거치면서 다시 한번
드러났다. SNS가 소통하는 장의 역할을 하려면 참여자들의 의견
이 서로 다를 수 있음을 전제하는 태도가 필수적이다. 모두의 의견
이 같으면 소통 자체가 필요 없다. 그냥 같은 생각을 가진 사람들
끼리 모여 결의 대회를 하면 된다. 그런데도 굳이 SNS를 하면서

나와 다른 의견에 대해서는 참지를 못한다. 그래서 등장하는 것이 친구 끊기와 차단이다. 나와 의견이 다르니 앞으로 아예 상종을 하지 않겠다는 것이다.

몇 년씩 유지되어왔던 페친이 조국에 대한 의견이 다르다는 이유 하나로 하루아침에 끊어지고 만다. 그 대신 같은 생각을 가진 사람들과만 어울린다. 세상 사람 모두가 나와 같은 생각인 것 같은 정신 승리를 거둔다. 하지만 다른 사람은 들어오지 못하도록 문을 걸어 잠그는 태도로는 세상을 바꿀 수 없다.

다른 생각에 대한 언어 폭탄

더 피곤한 것은 자신과 다른 의견을 두고 보지 못해 댓글로 '조리돌림'을 하는 광경이다. 예의를 갖춘 이성적인 댓글 토론은 누가 뭐라 하겠는가? 자신의 의견과 다른 글을 올린 사람에 대한 인신 공격에서 시작해 온갖 모욕과 조롱의 언어가 폭탄처럼 쏟아진다. 이곳저곳 다니며 그런 일을 반복함으로써 자신의 전투력을 과시하는 사람들도 있다. 생각이 다른 사람의 입은 막아버리겠다는 무서운 결기마저 느껴진다. 사실 나와 다른 의견은 내 생각을 한 번쯤 객관화해 반추해볼 수 있는 기회를 제공하기도 한다. 잘만 하면 내 생각을 성찰하며 완성하는 데 도움이 된다. 하지만 확고 불변한 정치적 신념은 그럴 필요성을 인정하지 않으려 한다.

우리는 왜 이렇게까지 정치에 죽기 살기로 목을 매는 것일까? 평소 온순하던 사람도 SNS에서 정치 이야기를 할 때면 전혀 다른 사람이 되고 만다. 정치가 잘되는 것이 중요함을 모르는 바 아니지만, 그렇다고 사람들 간의 관계를 맺고 끊고 하는 제1의 척도가 될 정도로 인간사에서 정치가 가장 중대한 일은 아니다.

우리가 살아가며 서로를 판단하는 데는 '조국을 지지하냐 지지하지 않냐' 하는 것 말고도 더 중요한 것이 많다. 하지만 언제나 말로는 '사람이 먼저'라고 하면서, 실상은 '정치가 먼저'였다. 누구는 그것은 정치가 아니라 정의와 불의의 문제라고 할지 모른다. 그러나 그 정의의 내용조차도 저마다 다를 수 있다는 역지사지의 사고를 가질 필요가 있다. 그것이 생각이 다른 사람들이 함께 살아가는 사회에서 가져야 할 공존의 미덕이다.

SNS에서는 '조국 피로증'을 호소하는 사람도 많이 생겨났다. 그럴 법도 한 것이, 너도나도 하루 종일 조국을 이야기한다. 그러면서 SNS는 서로의 주장이 부딪히는 전쟁터가 되어버렸다. 진영 대결이라는 것이 얼마나 사람을 피폐하게 만들 수 있는지를 그동안 SNS에서 생생히 목격할 수 있었다. 애당초 조국 사태는 진영에 따라 갈라질 문제가 아니었다. 문제들은 다면적이고 다층적이었다.

조국의 언행 불일치, 불공정과 특혜의 문제, 표창장과 사모펀드를 둘러싼 위법성 문제, 검찰의 수사 양태에 대한 평가, 검찰 개혁

문제 등 많은 사안에 대해 다양한 의견이 존재할 수 있는 상황이었다. 그럼에도 그것을 군이 흑과 백으로 나누어 진영 대결로 만들어가려는 진영 내 '스피커'들이 사태를 더욱 악화시키고 말았다.

무엇이 우리를 이토록 분열하게 만들었는가?

조국 사태에서 한쪽 진영의 선봉에 섰던 노무현재단 이사장 유시민은 "진영 논리가 왜 나쁘냐"면서 "'진영 논리가 나쁘니까 빠지지 마라'고 말하는 자체가 진영 논리"라는 궤변을 서슴지 않았다. 그는 그렇지 않아도 타오르던 진영 대결의 불에 기름을 끼얹었다. 하지만 "우리 각자는 진영을 선택해서 생각을 주장하면 된다"며 진영 대결을 선동하던 그는 조국 사태에서 참패하고 말았다.

진영 대결을 노골적으로 부추겼던 그런 말들은 어느 진영도 마음에 들어 하지 않았던 중도층의 반감을 자극해 그들을 내모는 결과를 낳았다. 결국 조국이 사퇴하게 되었던 데는 조국을 지켜온 대통령과 여당에 대한 중도층의 이반이 큰 부담으로 작용했던 것으로 보인다. 진영의 깃발이 나부낄수록 진영이 아닌 상식을 우선하는 중도층은 등을 돌려 떠나가버리고 말았던 것이다.

조국 사태는 우리 사회 곳곳에 깊은 상처를 남겼다. 정경심에 대한 1심 재판이 실형 선고로 끝났어도 그 분열의 상처는 아물 길이 없다. 승복은 없고 분열은 여전히 계속된다. 조국이냐 아니냐를 둘러싸고 나라는 갈래갈래 찢겼고, 사람들끼리 반목하며 돌아섰다.

조국은 사퇴했고 정경심은 징역형을 선고받고 감옥으로 갔지만, 우리 마음에 남겨진 상흔이 너무도 깊다. 나와 생각이 다른 사람들은 상종도 않겠다는 모습들로 서로가 상처를 주고받았다. 2016년 말의 그 겨울에 함께 촛불을 들었던 사람들끼리도 말이다. 도대체 '조국 수호'가 어떤 의미를 갖는 것이기에 우리가 이렇게까지 분열되어야 했는지 묻고 싶다. 조국 사태는 문재인 정부하에서 우리가 분열하는 서막이 되고 말았다.

플라톤의 왕도적 통치술

한 사회에는 서로 다른 생각을 가진 사람들이 섞여서 살아간다. 사람들은 자기가 속한 계층이나 계급에 따라 갈리기도 하고, 정치적 이념이나 성향에 따라 저마다 다른 입장을 갖는다. 그래서 사회에서 갈등이 생겨나는 것은 지극히 자연스러운 일이다. 사회학자 루이스 코저Lewis Coser가 일찍이 갈등의 사회적 기능을 말했던 것도, 갈등이 사회 체계를 유지시키고 발전시키는 데 긍정적으로 작용했기 때문이다. 다만 정치는 사회 내에 발생하는 갈등을 조정하고 해결함으로써 사회가 원만하게 유지될 수 있는 역할과 책임을 부여받았다.

그러나 서로 다른 구성원들을 하나의 공동체로 묶는 일은 고대 정치에서도 어려운 숙제였다. 플라톤의『정치가』에는 젊은 소크라테스와 방문객의 대화를 통해 왕을 직조공으로 비유하며 '절제 있는 성격들'과 '용감한 성격들'을 통합하는 왕도적 통치술의 중요성에 대해 말하는 대목이 나온다.

"왕도적 직조공이 해야 할 일은 절제 있는 성격들과 용감한 성격들이 따로 놀지 못하게 하는 것이며, 그것이 그의 업무의 전부일세. 왕도적 직조공은 이 두 부류가 의견을 공유하고 같은 자질들을 존중하거나 경멸하고 서로 사돈이 되게 함으로써 이 두 부류로 천을 짜야 한다는 말일세. 그는 이 두 부류로 부드럽고 사람들 말마따나 '촘촘하게' 천을 짜되, 나라의 관직들을 언제나 두 부류가 같이 맡게 하고 어느 한 부류가 독점하게 해서는 안 되네."

그래서 왕도적 직조공의 작업이 완성되는 것은 "용감한 성격들과 절제 있는 성격들로 하나의 천으로 짰을 때"이며, "지식을 가진 왕이 두 부류를 화합과 우애로써 하나의 공동체로 묶은 뒤 세상에 존재할 수 있는 가장 훌륭하고 가장 좋은 천으로 노예든 자유민이든 국가의 모든 구성원을 감쌀 때"라고 플라톤은 말한다. 그때가 국가가 행복해질 수 있는 잠재력이 극대화되도록 왕이 국가를 통치하는 때라는 것이다. 예나 지금이나 이질적인 구성원들을 하나로 묶는 통치술이 통치자의 중대한 덕목이었음을 읽을 수 있다.

상처뿐인 승리

대한민국은 두 갈래로 찢겼다. '조국 수호'와 '검찰 개혁'을 외치는 사람들, '조국 파면'과 '대통령 사과'를 외치는 사람들이 거리에 모여 세 대결을 벌였다. 그런가 하면 어느 쪽에도 마음이 가지 않는 사람들은 그 광경을 우려 속에서 지켜보았다. 싸울 수밖에 없다는 이야기가 줄을 잇는다. 태극기를 든 사람들 사이에서는 이제 대통령을 끌어내려야 한다는 소리까지 나온다. 그런가 하면 대통령 지지층에서는 검찰 쿠데타, 구악舊惡들과의 전면전에 나서야 한다는 목소리가 대열을 이끈다.

문제는 어느 한쪽이 다른 한쪽을 제압하며 싸움이 끝나기 어렵다는 데 있다. 두 진영의 신념과 주장이 굳어질 대로 굳어져 있는데, 이 싸움은 어느 쪽이 이기든 51대 49의 결과를 낳게 되어 있다. 이겨도 이긴 것이 될 수 없는 상처뿐인 승리이며 구성원들이 패자가 될 수밖에 없는 싸움이다. 시민들끼리의 싸움은 사태의 결말이 무엇이 되든, 엄청난 후유증을 낳게 되어 있다.

물론 검찰 개혁은 중요하다. 하지만 언제부터 검찰 개혁이 국가 의제의 제1순위가 되었는지 의문이다. '조국 사태'로 헝클어지고 날이 선 마음들이 부메랑이 되어 문재인 정부의 경제정책, 대북정책, 민생정책, 교육정책에 비수가 되어 돌아올 것이다. 그렇게 되면 문재인 정부는 남은 임기 동안 아무것도 하지 못한 채 그렇게 시간만 흘러갈 것이다. 그렇다고 우리의 책임이 아니라 반대편의 책임이라는 말만 하는 것은 집권 세력의 지혜로운 태도는 아니다. 책임의 소재가 누구에게 더 많이 있든, 이 갈등과 혼돈의 상황을 수습해야 하는 최종 책임은 집권 세력에 있다. 집권한 쪽은 속마음이 어떻더라도, 품이 넓어야 한다.

문재인 정부의
변곡점

조국 아니면 검찰 개혁 못한다는 궤변

2019년 여름, 급기야 '조국 사태'라는 말이 정치권과 언론에 등장했다. 역대 장관 임명 시에도 숱한 논란은 있었지만, 이렇게 사태라는 말까지 붙은 것은 초유의 일이었다. 그만큼 논란이 격렬했고 걷잡을 수 없었음을 의미한다. 조국을 둘러싼 뉴스들은 대한민국의 블랙홀이 되었고, 온 나라가 그의 임명에 대한 찬반 논란으로 달아올랐다. 나라는 두 동강이 나버렸다. 과연 그렇게까지 할 일이었을까?

당시 여론은 임명 반대쪽으로 확연히 기울었다. 각종 여론조사 결과를 보면 중도층은 물론이고, 문재인 정부에 기대를 걸었던 진보층에서도 조국 장관 임명에 반대하는 의견이 적지 않은 것으로 나타났다. 이미 불공정과 특혜에 대한 반감만으로도 보수와 진보의 구분을 넘어섰다는 의미다. 그러나 문재인은 장고 끝에 임명의 악수를 던졌다. 하지만 임명 이후에도 여론은 호전되지 않았고, 검찰 수사에서 속속 드러난 문제들은 조국이라는 개인을 넘어 문재인 정부의 뇌관이 되어버렸다. 조국이 책임져야 할 내용이 확인될 경우, 여론과 맞서면서까지 그를 임명한 문재인은 어떻게 되는 것일까? 검찰 수사 결과에 문재인 정부의 앞날까지 달려 있는 상황이 되었던 것이다.

문재인은 '깊은 고민'을 했지만, 그렇게 할 수밖에 없었다고 말했다. 우선 문재인은 "본인이 책임져야 할 명백한 위법행위가 확인되지 않았다"고 말했다. 하지만 과거 민주당이 야당이었을 때 낙마시켰던 안대희·문창극 총리 후보자 등 많은 인물도 확인된 위법행위가 있어서 사퇴한 것은 아니었다. 국민들은 전관예우나 역사관 논란 등을 받아들이지 않았기 때문이다. 조국을 향한 여론의 반감은 결코 그들보다 덜하지 않았다. 민심이 그토록 거부할 때, 위법행위가 확인되지 않아도 사퇴하는 것은 그때는 옳고 지금은 틀린 것인가?

문재인은 조국을 법무부 장관에 임명해야 하는 또 하나의 이유로 "그(권력기관 개혁의) 의지가 좌초되어서는 안 된다"는 점을 들었다. 청와대와 민주당이 줄곧 주장해온 것도 조국만이 검찰 개혁의 적임자라는 것이었다. 하지만 대한민국에서 조국이 아니면 검찰 개혁을 할 사람이 없다는 이야기는 문재인 정부가 자신의 무능을 고백하는 것과 다를 바 없다. 오죽하면 우석훈 박사가 "오직 한 사람만 개혁할 수 있다고 하는 나라가 나라냐"며 그런 나라는 망해야 한다고 일갈했을까? 조국은 청와대 민정수석 재직 시에도 부실 인사 검증 논란이 끊이지 않아 능력 면에서는 결코 좋은 점수를 받지 못했다. 그런 마당에 오직 그만이 검찰 개혁을 할 수 있다는 주장으로 국민을 설득하기는 무리였다.

이렇게 검찰 개혁이 특정인의 전유물로 사유화되고 말았을 때 그 폐단은 드러나게 되어 있다. 검찰 개혁의 운명이 조국의 운명과 함께하게 되는 상황이 그것이다. 청와대와 민주당의 주장과는 정반대로 조국은 자칫 검찰 개혁을 무위無爲로 돌려놓는 역할을 하게 될 가능성마저 있었다. 검찰 수사에서 조국이 직무를 수행하기 곤란한 위법행위가 드러날 경우, 검찰 개혁의 동력도 소멸될 상황을 자초했다. 그리고 조국 일가가 수사를 받고 있는 상황에서 취해지는 검찰 개혁 조치들은 검찰의 수사를 방해하려는 것으로 비치게 되어 있었다.

국민과 함께 가는 길

당장 윤석열 배제 수사팀 구성, 피의사실 공표 금지, 감찰권 강화 같은 법무부의 방침들이 검찰 수사를 위축시키려는 것으로 여론의 역풍을 맞았다. 하필이면 그때 검찰 개혁을 한다는 구실로 조국 일가에 대한 수사를 흔들어놓는 조치들을 취한다면, 누가 그것을 개혁이라고 받아들이겠는가? 그런 검찰 개혁이 어떻게 국민의 지지를 받을 수 있겠는가? 국정원 댓글 수사를 막기 위해 윤석열을 배제했던 박근혜 정부를 문재인 정부가 닮아간다는 말이 나온 것은 참으로 부끄러운 일이다.

조국 사태는 개인의 문제를 넘어 문재인 정부의 변곡점이 되고 말았다. 문재인은 조국과 민심 사이에서 조국을 선택했다. 그로 인해 문재인의 지지율도 함께 하락했다. 지지율은 언제나 요동치는 가변적인 것이라 만회할 수도 있지만, 공정하고 정의로운 나라를 내걸었던 문재인 정부가 대의명분을 잃게 된 것은 두고두고 회복하기 어려운 일이 되고 말았다. 조국 사태는 문재인 정부에 큰 기대를 걸고 지지해왔던 중도층이 등을 돌리게 만든 계기가 되었다.

문재인 자신이 가장 신뢰하는 사람이라는 이유로 그렇게 국민의 마음에 실망과 상처와 화를 안겨준 것은 촛불 시민혁명으로 들어선 정부의 도리가 아니었다. 그렇게까지 소통이 어렵고 자기 고집을 앞세운 모습은 과거 정부들과 달라 보이지 않았다. 문재인은 취임 직후 봉하마을에서 열린 노무현 전 대통령 8주기 추도식에서 이렇게 말했다.

"무엇보다 중요한 것은 국민의 손을 놓지 않고 국민과 함께 가는 것입니다. 개혁도, 저 문재인의 신념이기 때문에, 또는 옳은 길이기 때문에 하는 것이 아니라, 국민과 눈을 맞추면서, 국민이 원하고 국민에게 이익이기 때문에 하는 것이라는 마음가짐으로 나가겠습니다."

문재인은 국민과 눈을 맞추면서 국민과 함께 가려고 했는지, 자신이 가는 길이 옳다는 신념을 앞세우다가 국민과 따로 가지는 않았는지 성찰할 일이다.

스스로 판단하지 못하는 '솔로몬의 역설'

고대 이스라엘의 솔로몬왕은 뛰어난 지혜를 지닌 인물로 알려져 있다. 두 여인이 서로 자신의 아기라고 주장할 때 재판을 맡은 솔로몬왕은 아기를 반으로 나누라고 명령하고 두 여인의 반응을 보면서 진짜 어머니를 가려냈다. 그 유명한 솔로몬의 재판이다. 그러나 번영을 누렸던 이스라엘은 솔로몬왕 말기에 무너져내리기 시작했다.

거대한 건축물을 짓고 왕실을 유지하는 데 천문학적인 비용이

들어 백성들의 부담은 커져갔고, 빈부 격차가 심화되어 곳곳에서 반란이 일어나기도 했다. 솔로몬왕이 죽은 뒤 그의 아들 르호보암 Rehoboam에 이르러 이스라엘은 두 개의 왕국으로 분열되고 만다. 솔로몬왕은 다른 사람들의 문제에 대해서는 현명한 판단을 해왔지만, 정작 자신의 문제는 제대로 판단하지 못해 이스라엘의 몰락을 자초했던 것이다.

다른 사람들의 일에 대해서는 객관적으로 현명하게 판단하면서도 유독 자신의 문제에 대해서만은 그렇지 못한 경우에 대해 심리학자 이고르 그로스만Igor Grossmann은 '솔로몬의 역설'이라고 이름 붙였다. 솔로몬의 역설과 같은 모습은 생각보다 많다. 바둑 훈수는 잘 두면서 정작 자신이 바둑을 둘 때는 실수를 하는 사람에서부터, 다른 사람의 선거는 냉정하게 잘 예측하면서도 자신이 출마하면 당선이 확실한 것으로 착각하는 오류를 범하는 정치인에 이르기까지, 자기 일에 대해서만은 객관성을 잃는 경우를 흔히 보게 된다.

조국 사태도 그러한 솔로몬의 역설과 맞닿아 있었다. 국민들이 조국을 비판하는 것은 그의 언행 불일치 때문이다. 그는 오랫동안 진보적인 시각으로 한국 사회의 온갖 사안에 대해 적극적인 발언을 해왔다. '조만대장경'이라는 말이 나올 정도로 타인을 향한 그의 지적은 전방위적이었고, 비판하지 않은 문제가 거의 없을 정도였다. 그가 이 사태를 겪기 전까지는 대중에게서 큰 인기를 끌었던

것도, 그 과정에서 얻어진 정의의 표상이라는 이미지 덕분이었을
것이다.

그러나 법무부 장관 후보자가 된 이후 알려진 그의 모습에서는
말과 행동의 심각한 괴리가 발견되었다. 특히 자녀가 누렸던 편법
과 특혜는 2030세대의 강한 반감을 초래하기에 이르렀다. 실망을
넘어 배신감을 토로하는 국민 정서 앞에서 '적법했다'는 해명은
아무런 도움이 되지 못했다. 물론 법원은 그것이 적법한 일이었다
고 판단하지도 않았다.

나라와 개인에게 최악의 상황

조국을 곤경으로 몰아넣은 언행 불일치의 문제도 '솔로몬의 역
설'의 전형적인 광경이었다. 그동안 다른 사람들의 잘못이나 불공
정한 행위에 대해서는 그렇게 많은 비판을 해왔지만, 정작 자기 자
신은 같은 잣대로 들여다보지 못해 객관성을 상실한 탓이다. 흔히
말하는 '내로남불'이 되고 만 셈이다. 대중들이 쳐주는 박수에 갇
혀 자신에 대한 성찰의 기회를 갖지 못한 채 앞만 보고 달려온 삶
의 모습이 아니었을까?

결국 여론 악화로 장관직에서 사퇴하게 된 그의 모습을 보면 차
라리 논란이 불거졌을 때 물러서는 것이 낫지 않았을까 하는 생각

이 든다. 가족들이 행했던 잘못들이 국민들에게 어떻게 받아들여질 것인지를 객관적으로 판단하지 못하고 자신의 생각에만 갇힌 결과 최악의 상황으로 치닫게 되고 말았다.

자신과의 거리두기를 통해 사안을 객관적으로 판단하지 못해 국가적으로도 엄청난 분열과 갈등의 비용을 치르게 만들었다. 물론 자신이 핵심적인 위치에서 몸담았던 문재인 정부에도 커다란 타격을 입히게 되었다. 자신의 뜻과는 상관없이, 여러 가지로 문재인 정부에 큰 부담을 안겨주었던 셈이다. 그 모든 일이 자신이 아니라 오직 '윤석열 검찰' 때문이었다고 생각한다면 불행한 일이다.

자신이 아니면 이 나라에 검찰 개혁과 사법 개혁을 할 사람이 없다고 생각한다면, 그것은 겸손하지 못한 착각이다. 어떤 선택이 자신과 문재인 정부와 나라를 위한 길인지 초심으로 돌아가 숙고했어야 했다. 내가 없으면 세상이 제대로 돌아가지 못할 것 같지만, 막상 내가 빠져도 야속할 정도로 세상은 잘 돌아간다. 조국이 진작에 솔로몬의 역설에서 벗어나, 자신이 처해 있는 상황을 냉정하게 읽고 판단했어야 했다.

정경심 판결에
불복하는 사람들

사실을 왜곡하는 혹세무민의 정치

정경심이 1심에서 징역 4년을 선고받고 법정 구속되었다. 재판부는 입시 비리 관련 혐의에 대해서는 모두 유죄 판결을 내렸다. 검찰이 당초 '7대 허위 스펙'이라는 표현을 써가며 강조한 입시 비리 혐의가 전부 인정된 셈이다. 구체적으로는 단국대 논문 제2저자 등재, 공주대 생명공학연구소 인턴 확인서, 서울대 인권센터 인턴 확인서, 아쿠아팰리스 호텔 실습 인턴 확인서, KIST 인턴 확인서, 동양대 영어영재협력사업 보조연구원 확인서, 동양대 표창장 위조 혐의 등 모든 확인서를 허위로 판단했다.

그리고 사모펀드 관련 혐의 가운데서는 자본시장법 위반 미공개 정보 이용 혐의, 범죄수익은닉법 위반 혐의, 금융실명거래법 위반 혐의에 대해 유죄로 판단했다. 검찰이 기소했던 15개 혐의 가운데 11개 혐의에 대해 유죄 판단이 내려졌으니, 조국·정경심 부부의 결백 주장은 여지없이 무너져버렸다. 재판부는 그들 부부가 했던 많은 거짓말을 촘촘히 가려냈다.

앞으로 2심과 3심이 진행되겠지만, 조국 사태가 시작된 이후 1년 반 동안 지속되었던 사회적 논란의 1라운드는 이렇게 끝났다. 하지만 선고 직후부터 법원의 판결에 대한 조국 진영의 성토가 뜨거웠다. 선고 직후 청와대 국민청원 게시판에는 '정경심 1심 재판부 (임정엽, 권성수, 김선희)의 탄핵을 요구합니다'라는 제목의 청원이 올라왔다. 몇 시간 만에 수만 명이 동의를 했다. 자신들의 생각과 다른 판결을 내렸다고 해서 실명을 거론하며 판사의 탄핵을 요구하는 광경이 버젓이 벌어진 것이다. 조국 진영을 대표하던 어느 교수는 이 말도 안 되는 청원을 자신의 SNS에 링크하며 동참을 독려했다.

김어준도 예상대로 판결을 비난하고 나섰다. 그는 〈김어준의 뉴스공장〉을 통해 "검찰은 기소한 대로 표창장을 단 한 번도 재현하지 못했는데, 어떤 전문가도 검찰이 기소한 대로 위조할 수 없다고 하는데, 아래아 한글도 다룰 줄 모르는 사람인데, 재판부는 정 교수가 표창장을 아래아 한글을 이용해 직접 위조했다고 판단했다"라며 "사법이 법복을 입고 판결로 정치를 했다"고 비난했다. 자신의 믿음으로 사실을 뒤바꾸려는 무모함을 버리지 못한 것이다.

압권은 민주당 국회의원들의 불복성 발언이다. 김남국은 "가슴이 턱턱 막히고 숨을 쉴 수 없다. 세상 어느 곳 하나 마음 놓고 소리쳐 진실을 외칠 수 있는 곳이 없는 것 같다. 답답하다"면서 "그래도 단단하게 가시밭길을 가겠다. 함께 비를 맞고, 돌을 맞으면서 같이 걷겠다"라고 말했다. 김용민은 "윤석열이 판사 사찰을 통해 노린 게 바로 이런 거였다"라면서 "윤석열과 대검찰청의 범죄는 반드시 처벌받아야 한다"라고 한술 더 뜨는 모습을 보였다. 판결은 법원이 내렸는데, 처벌은 윤석열과 대검찰청이 받아야 한다는 것이다. 과연 법을 공부한 변호사 출신 국회의원이 맞는가?

윤영찬은 "조국 전 장관의 부인이 아니라면 법원이 이렇게 모진 판결을 내렸을까?"라고 주장하며 "그 시절 자식의 스펙에 목숨을 걸었던 이 땅의 많은 부모들을 대신해 정경심 교수에게 십자가를 지운 건가?"라고 물었다. 한 가지만 분명히 하자. '자식의 스펙에 목숨을 걸었던 이 땅의 많은 부모들'이라고 해도 아무나 입시 서류를 위조하고 조작하지 않는다. 그런 일은 해서는 안 될 범죄 행위임을 알고 있기 때문이다.

어느 부모나 내 자식을 챙기는 마음을 갖고 있다는 것과 그렇다고 해서 표창장을 위조하고 인턴 경력을 조작하는 것은 차원이 전혀 다른 일이다. 그러니 "모든 부모들이 다 그렇다"는 말은 사실과 다른 터무니없는 물 타기일 뿐이다. 왜 법을 지키며 착하게 살아가는 '이 땅의 모든 부모들'을 욕보이는가?

열린민주당 의원 김진애도 뒤지지 않는다. "결국 법원의 검찰 편들기인가요? 사모펀드 혐의도 무죄, 증거 은닉 혐의도 무죄인데, 표창장 위조라며 4년 선고?"라며 항의했다. 사모펀드 혐의의 여러 부분에 대해 유죄 판단이 내려졌고, 증거 은닉 혐의는 '본인 범죄 증거 인멸'이라 처벌할 수 없기 때문인데도 죄가 없는 듯이 주장했다. 우리 형법에서는 자신이 피의자인 사건의 증거 인멸은 헌법상 방어권으로 인정해 처벌하지 않도록 되어 있기 때문일 뿐이다. 검찰이 기소한 15개 혐의 가운데 11개 혐의에 대해 유죄 판단이 내려졌음에도 표창장 위조만이 문제인 것처럼 왜곡하고 호도했다. 사실을 왜곡해 선동하는 혹세무민의 정치다.

진실을 말한 사람들이 고통받는 현실

1심 재판부는 선고를 하면서 이런 말을 했다. "피고인은 본 건 수사와 재판 과정에서 동양대 총장 최성해, KIST 센터장 정병화, 동양대에 재직했던 직원들과 조교 등 입시 비리 혐의에 관하여 진술한 사람들이 정치적 목적 또는 개인적 이익을 위하여 허위 진술을 하였다는 등의 주장을 함으로써, 자세한 사정을 알지 못하는 사람들로 하여금 법정에서 증언한 사람을 비난하는 계기를 제공하여 진실을 이야기한 사람들에게 정신적 고통을 가하였습니다."

자신의 죄를 덮기 위해 다른 사람들을 고통 속으로 몰아넣었던 정경심에 대한 재판부의 준엄한 질책이었다. 실제로 재판이 진행되던 1년 3개월 동안 수많은 증인, 언론인, 논객이 진실을 이야기했다는 이유로 엄청난 공격을 받아야 했다. '조국 수호'를 외치며 서초동에 모였던 지지자들은 조국 부부에게 불리한 말을 꺼내는 사람들에게 융단 폭격을 했다. 자기가 보고 들은 대로 증언하고, 자기 이성이 가리키는 대로 글을 쓴 사람들은 온갖 중상모략과 공격에 시달려야 했다. 그러한 집단적 공격이 개인에게 주는 압박은 겪어보지 않은 사람은 짐작하기 어렵다. 진실을 말하는 사람이 고통받아야 하는 사회는 정상적이지 않다.

1심 판결을 내리면서 재판부가 꺼냈던 이 말은 그런 피해를 당해야 했던 사람들에 대한 위로이기도 했다. 진실을 말했다는 이유로 공격받아 고통받은 사람들을 기억해주는 판결이었다. 하지만 재판부의 그 같은 지적에도 진실을 이야기한 사람들에 대한, 심지어 판결을 내린 판사들에게 정신적 고통을 가하는 광경은 계속 이어졌다. 입시 서류를 위조하고 경력을 조작해 2030세대의 가슴에 못을 박았는데도, 그게 무슨 문제냐며 적반하장으로 목소리 높이는 세상, 고위공직자 부부가 국민을 상대로 태연히 거짓말을 하고서도 정의로운 행세를 할 수 있는 세상, 감히 권력 실세의 비리를 수사했다고 검찰총장을 내쫓으려 하는 세상. 그런 세상을 견디느라 많은 사람의 가슴에 멍이 들고 말았건만, 진실을 말하는 사람들에 대한 가해는 계속되었다.

사실에는 눈감고 신념만 지키는 사람들

재판부는 판결을 내리면서 11개 혐의가 유죄인 이유와 4개 혐의가 무죄인 이유에 대해 일일이 설명했다. 하지만 그 내용을 반박하거나 항의하는 사람들을 찾아보기는 어렵다. 사실에 대해 반박하지 못하고 '정치적 판결'이니 '검찰 편들기'니 하는 음해성 공격만이 난무한다. 그들에게는 사실이 중요하지 않기 때문이다. 그들에게 오직 '조국'을 지켜야 한다는, 결코 지면 안 되는 싸움이라는 자신들의 신념만이 중요하다. 그러니 정경심에 대한 재판은 사실과 이성의 영역이 아니라, 믿느냐 믿지 않느냐를 선택하는 종교의 영역이 되었던 것이다. "조국 부부가 결백을 호소하고 있습니다. 믿습니까? 믿습니다!" 그런 광경이 펼쳐졌던 셈이다.

재판부는 "정경심 교수는 조국 전 장관에 대한 청문회 시작 무렵부터 변론 종결까지 단 한 번도 잘못을 인정하고 반성하지 않았다"는 점을 지적했다. 징역 4년의 선고에다가 법정 구속까지 한 것은 아마도 반성 없는 태도에 대한 엄벌 의지도 작용했을 것으로 짐작된다. 애당초 정경심이 자신이 행한 비리에 대해 시인하고 반성하는 태도를 보였더라면 형량은 훨씬 가벼워졌을 가능성이 크다. 그리고 자식을 키우는 같은 부모로서 조국 부부가 겪을 상황에 대해 인간적 연민을 가졌던 사람도 적지 않았다. 하지만 당사자들이 모든 것을 부인하고 오히려 억울하게 핍박당하는 순교자 행세를 하는 것을 지켜본 사람들은 자신이 가졌던 인간적 연민이 사치스러운 것임을 알게 되었다.

이렇게 막다른 골목에 처하게 만든 것은 자기 자신들이었다. 진작에 고개 숙이고 모든 것을 내려놓음으로써 사태를 매듭지을 수 있는 일을 순교자연하다가 갈수록 망가지는 길로 접어든 것이다. 이제 와서 비리 혐의를 인정할 수도 없고, 그렇다고 막무가내로 우겨서 재판부를 이해시킬 수 없는, 자신들도 감당할 수 없는 상황을 자초한 것이다. 어찌 보면 정경심은 남편인 조국의 정치적 명예와 자존심을 지켜주기 위해 감옥에 갇히는 처지가 된 것인지도 모른다.

조국 부부 재판을 둘러싸고 벌어진 일들은 정치의 문제를 넘어선 집단적 정신세계의 문제가 되고 말았다. 자신들의 신념과 다른 결과에 대해서는 아무리 이성적이고 합리적인 논거를 제시해도 귀를 닫아버린다. 진영 내부의 집단주의 신념은 사실마저도 둔갑시키는 위력을 발휘한다. 그러니 집단에는 지성이 존재하지 않고 광기만이 남게 된다. 광신주의에 맞서 이성과 합리의 빛을 보여주었던 계몽주의 철학자 볼테르는 이런 말을 했다. "모든 광신자는 똑같은 붕대로 눈을 가리고 있다."

이 나라가 불행한 것은 그런 유별난 정신세계에 갇혀 있는 사람들이 어느 뒷골목 술집에서 자기들끼리 모여 떠드는 것이 아니라, 집권 세력의 핵심으로 불리며 나라 한복판에서 추앙받고 있는 현실 때문이다. 이렇게 정치를 종교로 만든 사람들은 대체 누구란 말인가?

어쩌다가 최재형은
'제2의 윤석열'이 되었는가?

최재형은 '미담 제조기'라더니

　국민들의 비상한 관심을 모았던 '월성 1호기 조기 폐쇄 결정 타당성' 감사 결과가 2020년 10월 20일 발표되었다. 감사원은 핵심 쟁점인 경제성 평가에 문제가 있었다는 결론을 내렸다. 정부는 월성 1호기 조기 폐쇄의 주요 사유로 낮은 경제성을 들었는데, 정작 당시 산업통상자원부 장관 백운규는 경제성 평가를 하기도 전에 조기 폐쇄를 지시했다고 감사원은 지적한 것이다. 제대로 된 절차를 거치지 않고 대통령의 말 한마디에 조기 폐쇄가 이루어졌다는 점에서 문재인 정부로서는 곤혹스러운 대목이다.

다만 감사원은 감사의 핵심인 조기 폐쇄 타당성 여부에 관해서는 판단하지 않았고, 관련 공무원들에 대한 징계 요구도 최소화했다. 감사원은 "정부의 '에너지 전환 정책'이나 그 일환으로 월성 1호기 조기 폐쇄를 추진하기로 한 정책 결정의 당부當否는 이번 감사의 범위에 해당하지 않는다"고 감사의 한계를 스스로 못 박았다. 감사원이 정부 주요 정책의 내용적 타당성까지 판단하는 것이 무리라는 한계도 있겠지만, 무엇보다 청와대와 여당의 반발을 의식한 절충적인 결과라는 측면이 강해 보인다.

감사원으로서는 이 정도 결과를 내는 것만도 힘겨워 보였다. 국회 국정감사에서 최재형 감사원장은 "조사자와 피조사자 사이에 높은 긴장관계가 형성됐다"면서 "감사원장이 되고서 이렇게 저항이 심한 감사는 처음"이라고 토로했다. 최재형은 "자료 삭제는 물론이고 사실대로 이야기하지 않는다"며 "산업부 공무원들이 관련 자료를 모두 삭제해 복구에 시간이 걸렸다"고도 했다. 공무원들이 감사원 감사에 대해 법적 처벌의 두려움도 없이 그런 식으로 저항하는 모습을 보였다는 것은 이번 감사에 대한 정부 부처의 반감을 읽게 해주는 대목이다. 정부의 주요 정책에 대해 감사원이 깊숙이 따지고 드는 것 자체에 대한 거부 반응이었다고 할 수 있다.

공무원들의 저항과 비협조보다도 심각했던 것은 정치권의 외압과 간섭이었다. 감사원의 감사가 여야 정치권의 간섭을 받고 그들을 의식해 타협을 한다면 제 소임을 다하기 어렵다. 하지만 유감스럽게도 이번 감사는 정치권의 외압과 시비로 얼룩지고 말았다. 특히 여당의 외압은 중립적이고 객관적인 감사 자체를 흔들어놓았다.

월성 1호기 감사가 문재인 정부의 상징적인 정책과 관련된 감사라는 점에서 정부와 여당이 갖는 민감함을 모르는 바 아니지만, 그렇다고 '최재형 감사원'을 공격하는 모습은 감사원조차도 편 가르기의 대상으로 만들어버렸다. 대통령이 수장인 행정부 소속이니 우리 편이어야 할 감사원이 어째서 우리 편을 어렵게 만들려 하고 있느냐는 여당의 시선이 감사원을 향했다.

최재형은 '제2의 윤석열'이 되다시피 했다. 최재형의 인사청문회 때 민주당 의원들은 '미담 제조기'라는 말까지 하며 흠잡을 데 없다고 그를 칭송했다. 문재인도 임명장을 주면서 "스스로 자신을 엄격히 관리해오셨기 때문에 감사원장으로 아주 적격인 분"이라고 치켜세웠다. 그러나 '최재형 감사원'이 "월성 1호기 폐쇄가 부당하다"는 결론을 내릴 수도 있다는 이야기가 흘러나오면서 여당의 태도는 돌변했다.

"대통령 국정 운영 철학과 맞지 않으면 사퇴하라"

국회 법제사법위원회가 열렸을 때 여당 의원들은 책상을 내리치고 호통을 치며 사퇴하라고 최재형을 거칠게 몰아붙였다. 어떤 의원들은 친인척의 정치적 성향까지 문제 삼으며 탄핵 사유가 된다고 주장했다. 윤석열의 인사청문회 때 "아무런 문제가 없다"고 엄호하다가, 이제 와서는 의혹투성이 집안으로 몰아가고 있는 여당의 모습과 닮은꼴이었다.

월성 1호기 감사는 여러 가지 면에서 감사원의 독립성을 흔들었다. 이번 감사 결과에 대한 의결이 늦어져 당초 일정보다 8개월 늦게 발표된 것도 감사가 정치적 시빗거리가 된 탓이 컸다. 특히 여당의 외압은 감사원의 독립성을 부정하는 광경을 낳았고, 그 결과 가장 중요한 월성 1호기 조기 폐쇄 결정 타당성에 관한 판단이 빠지면서 '반쪽 감사'에 그치고 말았다. 민주당 신동근 의원은 국회에서 "대통령 국정 운영 철학과 맞지 않으면 감사원장을 사퇴하라"고 최재형을 압박했다. 하지만 감사원은 대통령 국정 운영 철학을 집행하기 위한 것이 아니라, 정부와 공무원의 직무에 대한 감찰을 하는 기관이다.

헌법에 따라 감사원은 행정부 소속이기는 하지만, 업무에서 독립적인 지위를 법률로 보장받고 있다. 여느 때와 마찬가지로 감사원 감사 결과를 놓고 여야는 공방을 벌였다. 민주당은 "통상적인 감사에 불과한 이번 감사를 마치 에너지 전환 정책의 심판대인 양 논란을 키운 국민의힘과 감사원에 유감을 표한다"며 야당과 감사원을 비판했다.

국민의힘은 "결국 탈원전은 허황된 꿈이었음이 증명됐다"며 "감사원의 정당한 감사를 방해한 국기 문란 행위에 대해 엄중히 책임을 물을 것을 요구한다"고 청와대와 여당을 겨냥했다. 감사원의 감사가 정쟁거리가 되고 정치권의 간섭과 외압을 받는다면 감사원은 독립기관으로서 그 역할을 할 수 없다. 여야는 정쟁을 넘어 감사원의 독립성을 강화하기 위한 의지와 노력을 보여야 마땅하다.

감사원과 검찰이 독립적이어야 하는 이유

감사원이 산업통상자원부를 대상으로 에너지 정책 수립 과정에 대한 감사를 벌인 것에 전 대통령 비서실장인 임종석이 거친 언사로 비난하고 나섰다. 임종석은 "윤석열 검찰총장에 이어 최재형 감사원장이 도를 넘어서고 있다"면서 "지금 최 원장은 명백히 정치를 하고 있다"고 비판했다. 그런가 하면 "전광훈, 윤석열, 이제는 최재형에게서 같은 냄새가 난다"면서 세 사람을 같은 반열에 놓고 싸잡아 비난하는 말을 쏟아냈다.

임종석으로서는 문재인 정부의 핵심 정책의 수립 과정에 대한 감사가 불편하기는 하겠지만, 아무리 그래도 엉뚱하게도 전광훈이라는 극우 인사와 최재형을 한 묶음으로 매도한 것은 조금도 논리적이지 않다. 더구나 임종석은 "집을 잘 지키라고 했더니 아예 안방을 차지하려 들고, 주인의식을 가지고 일하라 했더니 주인 행세를 한다"고 말했는데, 국민이 아니라 집권 세력이 나라의 주인이라는 발상을 드러낸 것 같아 부적절하게 들렸다.

감사원은 원래 정권에 불편한 감사도 할 수 있는 기관이다. 그래서 감사원의 독립성을 보장해야 한다고 이야기해왔던 것이다. 2021년 1월 신년 기자회견에서 문재인은 "감사원의 독립성, 중립성을 위해서 감사원의 감사나 검찰 수사에 대해서도 개입하지 않는다는 원칙은 철저히 지키고 있다고 자부한다"고 말했다. 대통령은 그렇게 말하는데 여당 정치인들은 감사원장을 공격하는 광경은 대통령이 한 말의 진정성을 의심하게 만든다.

오랫동안 한국 사회에서는 감사원과 검찰의 독립성 강화를 국정 개혁의 주요 과제로 인식하는 합의 같은 것이 있었다. 그런데 문재인 정부 들어 어느 순간부터 그 합의가 무효화되고 있다. 어디까지나 청와대나 정부에 소속된 기관인데, '우리 편'을 들지 않는 것을 좌시할 수 없다는 분위기가 공공연하게 생겨났다. 그래서 검찰 개혁이 검찰 장악이 되어버렸다는 비판이 나오기도 했고, 최재형이 '제2의 윤석열'이 되었다는 말이 회자되기도 했다.

우리가 감사원이나 검찰의 독립성 강화를 사회적 과제로 인식했던 것은 특정 정권의 이해관계를 넘어서는 일이었다. 그런 기관들의 독립성이 보장되어야 부패와 비리를 막고 정의를 실현할 수 있다는 믿음 때문이었다. 그런데 어떻게 된 일인지 '촛불 정부'를 자임했던 문재인 정부에서 감사원과 검찰의 독립성을 공공연히 훼손하려 들고, 그에 거역하면 내치려는 퇴행적 광경이 이어지고 있다.

한쪽에서는 감사원장이, 한쪽에서는 검찰총장이, 우리 편을 들지 않는다는 이유로 모질게 수난을 당하고 있다. 그것이 우리가 상상했던 '포스트 촛불'의 광경은 아니었을 것이다. 저쪽도 그랬지만, 이쪽도 다르지 않았다.

제4부

진영의 정치,
분열의 나라

"도덕은 사람들을 뭉치게도 하고
눈멀게도 한다."

★★★ 조너선 하이트Jonathan Haidt

내로남불의 정치는
어떻게 만들어지는가?

정치의 유혹이 만들어낸 내로남불

소크라테스와 17세 연하의 제자 알키비아데스가 서로 사랑하는 사이였다는 사실은 잘 알려진 이야기다. 소크라테스는 자신이 사랑했던 알키비아데스가 갑자기 정치에 뛰어들겠다고 말했을 때, 그를 한사코 만류했다. 소크라테스는 아직 영혼의 교육도 제대로 받지 못한 그가 정치를 하다 망가질 것을 우려하며, 델피 신전에 적혀 있던 "너 자신을 알라"는 충고를 한다. 하지만 권력과 명예에 대한 욕심으로 그토록 흠모했던 스승의 말도 듣지 않은 알키비아데스는 결국 정치에 뛰어들었고 소크라테스보다 일찍 젊은 나이로 생을 마치고 만다.

대체 정치란 무엇이길래 자신이 그렇게 사랑했던 스승의 만류까지 뿌리치게 만들었던 것일까? 그만큼 정치의 유혹은 치명적이다. 옛날이야기지만, 가족의 만류를 뿌리치고 정치를 하기 위해 집 팔고 땅 팔아 몇 번이고 선거에 나갔다가 패가망신했다는 일화도 제법 많았다. 지금은 선거 비용을 국고에서 보조해서 달라졌지만, 오래전에는 국회의원 선거에 몇 번 나갔다가 낙선하면 재산을 탕진하는 경우가 많았다.

그런가 하면 국회의원을 하다가 낙선해서 야인으로 돌아갔을 때 어떻게든 재기의 집념을 불태우는 정치인들이 대부분이다. 한 번 국회의원 자리의 맛을 보고 나면 평범한 시민으로 돌아가서 살지 못하는 일종의 중독증을 많이 겪는다. 정치란 그렇게 스스로 놓지 못하게 만드는 강력한 속성을 갖고 있다. 국회의원 한 번 하고서 스스로 불출마 선언을 했던 표창원이나 이철희 전 의원은 그런 집착증을 자신의 자유의지로 넘어선 드문 경우다.

어떻게 해서 얻은 국회의원이고 권력인가? 한 번 여의도에 진입하고 나면 대부분 사람들은 그러한 권력의 반경 안에서 평생 살아가기를 원한다. 자기가 잘못한 일에 대해서는 부끄러워하고 미안하다는 말을 했던 평범한 사람들이 정치를 하고 높은 자리에 오르고 나면 얼굴이 두꺼워져 뻔뻔해진다. 누가 뭐라 해도 내가 옳고 내가 선이라는 신념을 지켜야 좌고우면하지 않는 불굴의 정신세계를 가질 수 있기 때문이다. 그래야 흔들림 없이 정치를 오래할 수 있다고 믿게 된다.

그런 집착의 결과가 내로남불의 정치다. 내가 하면 로맨스, 남이 하면 불륜이라고 강변하는 내로남불의 정치는 정치적 입신양명을 위해서는 수단과 방법을 가리지 않는 정치적 생존법이다. 또한 진실을 덮고 자기 자신을 부정하면서라도 정치적 승리를 거머쥐려는 비겁한 행태다. 문제는 이러한 내로남불이 여야 불문하고 버젓이 저질러지고 있으며, 여야 정치인들이 서로를 내로남불이라고 비난하는 진흙탕 싸움이 벌어지고 있는 현실이다. 그런 내로남불의 정치를 참담하게 지켜보아야 하는 국민들만 불행할 뿐이다.

내로남불에는 여야가 없다

한때 논란이 되었던 청와대 대변인 김의겸의 사례를 보자. 김의겸은 청와대 인근 관사에 입주하면서 살고 있던 전셋집을 처분하고 10억 원의 대출을 받는 등 '영끌'해서 흑석동에 있는 복합상가 건물을 25억 7,000만 원에 매입했다. 이에 대한 논란이 불거지자 김의겸은 "청와대에서 물러나면 집도 절도 없는 상태여서 집을 샀다"면서 "노후 대비용"이라고 해명했다. 50대의 가장이 퇴직 이후의 생활 대책을 마련하는 것은 조금도 이상한 일이 아니다. 평생 무주택자였던 그가 노후를 걱정해 상가건물을 샀다는 것이 개인으로서는 비난받을 일이 전혀 아니다. 문제는 그의 공적인 위치였다. 김의겸이 그저 일개 평범한 시민이었다면 상가건물을 사든 말든 우리가 알 필요도 없고, 자본주의 사회에서 그것이 비난받을 이유도 없다.

문제는 그가 부동산 투기와 싸운다면서 부동산 대책을 쏟아내고 있던 문재인 정부의 청와대 대변인으로 있으면서 그렇게 했다는 사실이다. 정부의 주요 정책을 국민들에게 설명하고 대통령의 의중을 전달할 책임을 맡고 있는 공인이 정부 정책과는 정반대의 행동을 한 셈이 되었으니 여론이 들끓을 수밖에 없었다. 국민들은 부동산 투기를 하지 말고 집도 팔라고 하면서 정작 자기들은 돈을 끌어모아 재개발 투기를 한 것으로 비쳐졌다. 똑같은 재개발 상가 매입도 다른 사람들이 하면 '악한 투기'가 되고, 정권에 속한 내가 하면 '선한 투자'가 된다는 논리에 국민들은 심한 거부감을 드러냈다.

결국 빗발치는 여론에 못 이겨 김의겸은 사퇴했지만, 청와대는 집단적 내로남불이라는 따가운 시선을 받아야 했다. 어디 김의겸에게만 국한된 이야기일까? 적폐 청산을 내걸어왔던 문재인 정부의 고위공직자나 여당 정치인들의 신상 문제가 드러날 때마다 내로남불 프레임은 야당의 반격 무기가 되어왔다. 결국 "진보도 알고 보니 마찬가지"라는 여론의 뭇매를 맞아야 했다.

물론 적폐의 업보를 안고 있는 보수 야당도 자유로울 수는 없었다. 한동안 자유한국당을 이끌었던 황교안도 내로남불의 대표적인 인물이었다. 황교안은 2019년 1월 당대표 경선에 출마하면서 "문재인 정권은 도덕적으로 가장 타락한 정권이면서도 착한 척, 깨끗한 척, 정의로운 척하는 내로남불 끝판왕"이라고 비난했다. 하지만 황교안은 그 이야기를 박근혜 정부를 향해 먼저 했어야 했다. 불과 수년 전 그가 박근혜 정부의 제2인자였음을 기억하는 사람들로서는 실소를 금할 수 없다. 박근혜 정부의 역사적 과오에 대해서는 제대로 된 사죄도 없이 문재인 정부를 공격하고 있으니 그런 내로남불이 따로 없다.

방송 장악을 둘러싼 여야 공방만 해도 그렇다. 과거 이명박·박근혜 정부 시절 방송에 대한 정권의 통제와 간섭이 있었던 것은 공공연한 사실이다. 그런데 이제 정권이 바뀌고 새로운 방송 경영진들이 들어서자 정반대의 방송 장악 공방이 벌어지고 있다. 공영방송에서는 문재인 대통령 만들기에 앞장섰던 인사들이 진행자 자리를 독식하다시피 하며 정치적으로 편향적인 방송을 하고 있다. 공영방송이 아니라 '문재인 캠프 방송'이 되고 말았다.

지난 정권에서 방송 장악을 그렇게도 비판했던 문재인 정부의 집권 세력은 '착한 방송 장악'의 수혜자가 되었다. 물론 지난날 자신들이 했던 행동은 눈감은 채, 문재인 정부가 방송 장악을 하고 있다고 비난하던 국민의힘도 낯 뜨겁기는 마찬가지다.

인사청문회를 지켜보면, 다주택자들을 그렇게 비난하던 여당 정치인들도 알고 보니 다주택자들이었고, 그런 여당 정치인들을 비난하는 야당 정치인들도 알고 보니 다주택자들이었다. 애당초 다주택자를 무조건 죄인 취급할 일이 아니었지만, 문재인 정부의 집권 세력은 이미 다주택자가 집값 상승을 낳은 죄인이라는 프레임을 만들어냈다. 그래 놓고 자신들은 '착한 다주택자'라고 강변하는 모양새가 되어버린 것이다. 왜 자기들의 다주택은 생활과 노후를 위한 로맨스이고, 타인들의 다주택은 투기를 위한 불륜이라고 하는가?

국민을 속이려는 거짓의 정치

우리 편의 잘못에 대해서는 어떻게든 방패가 되어주려는 정파적 충성을 하다 보니, 정치적 소신을 손바닥 뒤집듯 하는 모습도 많다. 어느 정권하에서든, 인사청문회만큼 내로남불의 정치를 유감없이 보여주는 것도 없다. 여당은 지난 정권하에서는 그렇게 목소리를 높여 비판했던 사안들에 대해 감싸주기에 급급하고, 야당은 지난 정권 시절 바로 자신들이 행했던 일들을 단죄하는 정의로운 심판자로 변신한다.

과거 이명박·박근혜 정권 시절의 온갖 반민주적 횡포에 대해 호위 무사 역할을 하던 정치인들이 정권이 바뀌니 민주투사라도 된 듯이 행세하고 있다. 반대로, 야당 시절에는 이명박·박근혜 정권을 비민주적인 독재정권이라고 비난하던 세력이 이제 정권을 잡고 나니 힘을 앞세워 민주주의를 공공연히 훼손하는 모습을 보이고 있다. 한 입 갖고 두 소리 하지 말라 했거늘, 한 입에서 시류에 따라 세 소리, 네 소리가 나온다. 여와 야가, 보수와 진보가 서로 욕하면서 닮아버렸다는 비판이 지나치지 않다.

그런데 내로남불에 익숙한 정치인일수록 자신의 변신에 당당한 모습을 보인다. 말 바꾸기나 이중 잣대에 대한 겸연쩍음이나 미안함을 드러내는 정치인을 찾기가 드물 지경이다. 이는 겸손과는 등진 정치의 속성 때문인지 모른다. 겸손은 인간의 미덕이다. 일찍이 노자는 "무서운 힘을 갖고 있으면서도, 겸손하고 부드러운 표정으로 흐르는 물처럼 살라"고 했다. 성숙한 인간일수록 자신을 낮추고 타인을 치켜세우는 법이다. 미성숙한 인간일수록 자기가 세상에서 제일 잘났다는 허영에 갇혀 산다.

하지만 정치인들의 세계는 정반대다. 나만이 최고의 인물이며 다른 사람들은 자격 미달의 인물이다. 그렇게 남을 깎아내려야 내가 경쟁에서 승리할 수 있다. 정치인들의 선거운동은 그에 대한 집약적 표현이다. 그래서 정치인들이란 숙명적으로 낯 뜨거운 존재들인지 모른다. 자신의 잘못을 성찰할 줄 모르는 내로남불의 정치는 겸손을 모르는 오만의 정치와 맞닿아 있다.

하지만 정치 현실이 아무리 우울해도, 우리는 '정치란 무엇인가?'라는 근본적 질문을 포기해서는 안 된다. 아리스토텔레스는 '넓은 의미의 정치학'을 인간의 좋음을 목표로 하는 모든 실천적 행위를 망라하는 윤리학을 포괄하는 것이라고 했다. 즉, 윤리학과 정치학을 포괄하는 정치학을 '넓은 의미의 정치학'이라고 할 수 있다. 아리스토텔레스의 말이 의미하듯이, 정치의 출발은 윤리여야 하고 그때 비로소 인간들의 좋은 삶을 위한 정치가 가능하다.

정치가 윤리와 도덕으로만 가능할 수 없겠지만, 그것을 포기한 정치가 공공의 선에 기여할 수는 없다. 내로남불의 정치는 그 같은 윤리를 포기한 정치다. 내로남불하는 정치인들은 거짓말을 해서 국민을 속이려 한다. 그러니 국민을 바보로 여기고 내로남불의 정치를 태연하게 반복하는 정치인들을 걸러내는 데 우리가 주저해서는 안 될 일이다. 자신의 불륜을 로맨스로 위장하려는 정치인들을 찾아내고 고발하는 것이 우리 시민들의 몫이다.

유시민은 지식인인가,
선동가인가?

노무현재단 계좌 열람, 사실이 아니었다

노무현재단 이사장 유시민이 '검찰의 노무현재단 계좌 조회 의혹' 제기는 사실이 아니었다며 결국 사과했다. 유시민은 자신이 제기한 의혹을 입증하지 못했다며, 그 의혹은 사실이 아니었다고 판단한다고 밝혔다. 그리고 "사실이 아닌 의혹 제기로 검찰이 저를 사찰했을 것이라는 의심을 불러일으킨 점에 대해 검찰의 모든 관계자들께 정중하게 사과드립니다"고 말했다. 유시민이 노무현재단 홈페이지에 올린 사과문의 일부를 인용해보자.

"이 문제와 관련하여 제가 했던 모든 말과 행동을 돌아보았습니다. 저는 비평의 한계를 벗어나 정치적 다툼의 당사자처럼 행동했습니다. 대립하는 상대방을 '악마화'했고 공직자인 검사들의 말을 전적으로 불신했습니다. 과도한 정서적 적대감에 사로잡혔고 논리적 확증편향에 빠졌습니다. 제 자신의 생각과 감정에 대해 비판적 거리를 유지하지 못했습니다. 단편적인 정보와 불투명한 상황을 오직 한 방향으로만 해석해, 입증 가능성을 신중하게 검토하지 않고 충분한 사실의 근거를 갖추지 못한 의혹을 제기했습니다. 말과 글을 다루는 일을 직업으로 삼는 사람으로서 기본을 어긴 행위였다고 생각합니다. 누구와도 책임을 나눌 수 없고 어떤 변명도 할 수 없습니다. 많이 부끄럽습니다. 다시 한번 깊이 사과드립니다."

유시민의 사과문을 소개한 것은 자신의 주장에 대해 자신만만해하던 평소의 모습과는 달리, 자신의 언행에 대한 근본적인 성찰의 태도를 보여주고 있기 때문이다. 부끄럽다고 하며 사과하는 사람에게 더 무슨 이야기를 할 수 있을까? 그래서 잘못을 인정하고 사과했으니 이제 된 것 아니냐며, 사과를 받아들이고 지나가자는 사람도 많을 수 있다.

그런데 그러기에는 뭔가 개운치가 않다. 과연 유시민의 사과문으로 모든 것은 매듭지어진 것일까? 그의 음해로 느닷없이 피해를 입었던 사람들은 원상회복이 된 것일까? 이 질문에 대한 답을 하기 위해서는 유시민이 어떤 말들을 했는지를 소환할 필요가 있다.

유시민은 조국에 대한 검찰 수사를 비판한 뒤부터 의혹을 지속적으로 제기해왔다. MBC 라디오에 출연해 "2019년 11월 말에서 12월 초 당시 한동훈 검사가 있던 대검 반부패강력부 쪽에서 노무현재단 계좌를 들여다봤을 가능성이 높다고 판단한다"고 주장했다. 나중에는 계좌를 들여다본 검사로 채널A 유착 의혹이 불거진 한동훈을 지목했다.

2019년 12월 24일 '알릴레오' 유튜브 방송을 통해서는 "어느 은행이라고는 말씀 안 드리지만, 노무현재단 계좌를 검찰이 들여다봤다는 사실을 확인했다"고 말했다. 다만, 어떤 경로로 확인했는지는 밝힐 수 없다고 했다. 유시민이 여러 곳의 방송을 통해 그런 주장을 계속하자 검찰은 "계좌 추적 사실도 없고, 통지유예를 요청한 적도 없다"고 답했고, 한동훈도 "대검 반부패강력부장으로 근무할 당시 반부패강력부에서 유시민 씨 관련 수사나 계좌 추적을 한 사실은 없다"고 밝혔지만 유시민은 자신의 주장을 철회하지 않았다.

노무현재단 계좌 추적 여부를 둘러싼 진실 공방을 지켜보는 제3자로서는 누구의 말이 사실인지 단언할 수가 없었다. 물론 유시민을 무조건 믿는 사람들은 '윤석열 검찰'이 그럴 짓을 하고도 남을 자들이라고 확신했다. 하지만 그저 진실을 알고 싶었던 사람들은 검찰이 강력히 부인하니 어디 결과를 지켜보아야겠다고 생각했다. 하지만 끝내 유시민이 금융기관이 계좌를 조회한 자료를 내놓지 못하고 침묵함으로써 검찰이 계좌를 열람했다는 주장은 사실이 아닌 것으로 판명되었다.

수사기관이 개인이나 단체의 금융 정보를 조회했을 경우 금융기관은 당사자에게 10일 이내에 그 사실을 통보해야 한다. 예외적으로 증거 인멸 등의 우려가 있으면 6개월까지는 통보를 유예할 수 있고, 그 후에도 3개월씩 두 번에 걸쳐서 유예가 가능하다. 그렇게 해도 최장 1년 이내에는 계좌 조회 사실을 금융기관이 통보해주어야 한다. 2019년 11~12월에 검찰이 노무현재단 계좌를 들여다보았다는 유시민의 주장이 사실이라면, 아무리 늦어도 2020년 말까지는 당사자에게 통보가 되었어야 했다.

유시민이 금융기관에서 그러한 통보를 받았다면 당장 '알릴레오'에서 이것이 검찰이 노무현재단을 사찰한 증거라며 세상을 떠들썩하게 했을 것이다. 그런데 아무런 말이 없었다. 어떤 수사기관도 노무현재단 계좌를 들여다본 일이 없었기 때문이다. 금융기관의 통보를 공개하든지, 그것이 아니라면 사과를 할 것을 요구하는 목소리가 확산되었다. 결국 시민단체의 고발에 의해 검찰 수사가 진행되자 유시민은 사과하지 않을 수 없게 되었던 것이다.

거짓말이라는 핵심을 비켜간 사과

유시민이 뒤늦게라도 사과한 것은 다행이고, 사과문을 읽어보면 어느 정도의 진정성은 담겨 있음을 느낄 수 있었다. 하지만 여전히 핵심을 비켜간 것은 유감스럽다. 문제의 핵심은 그가 거짓말을 했다는 사실에 있다. 유시민은 "노무현재단 계좌를 검찰이 들여다봤다는 사실을 확인했다"고 단언했다. 의심하거나 의혹을 제기한 것이 아니라 '확인했다'고 했다. 게다가 "제 개인 계좌도 다 들여다봤을 것으로 짐작한다. 내 뒷조사를 한 게 아닌가 싶다. 제 처의 계좌도 다 들여다봤을 가능성이 농후하다"고 주장했다. 조국 수사를 비판한 것에 앙심을 품은 검찰이 자신을 뒷조사하고 사찰했다는 이야기다. '그런 나쁜 놈들이 있나?' 듣는 사람들의 입에서는 그런 소리가 나오게 되어 있다.

'확인했다'는 말은 의혹이나 의심의 의미와는 다른, 움직일 수 없는 사실임을 의미한다. 노무현재단 이사장이 '확인했다'는데, 그의 지지자들이 믿지 않을 이유가 없게 된 것이다. 유시민은 그렇게 지지자들에게서 생겨날 수 있는 추호의 의심과 회의조차도 제거해주는 선동가의 역할을 했던 것이다. 거기에다가 자신과 처의 계좌 열람 의심까지 아무 근거 없이 끼워 집어넣은 것이다. 대개 이런 행위는 순간적인 오해나 착오로 발생하지 않는다. 더구나 검찰의 거듭되는 부인에도 그는 오랜 기간에 걸쳐 반복적으로 그 같은 주장을 했다.

그러니 의도된 거짓말이었다고 해도 지나친 말은 아닐 것이다. 유시민이 그런 소문을 누군가에게서 들었을 수는 있다. 그리고 검찰을 악마로 생각하는 그의 머릿속에서는 그런 상상을 하는 회로가 작동했을 수 있다. 어쩌면 유시민은 검찰이 계좌를 들여다보았다는 이야기를 믿고 싶었던 것인지 모른다. 그래서 유시민은 아무런 책임을 의식하지 않고 출처 불명의 낭설을 사실로 단정했다. 미필적 고의에 의한 거짓말이었다고나 할까?

따라서 과도한 정서적 적대감이나 논리적 확증편향 같은 표현으로 설명할 수 있는 경우는 아니다. 날조된 거짓말은 어쩌면 불가피한 그런 인간의 속성보다 훨씬 질이 안 좋은 것이다. 나쁜 의도가 개입되어 있기 때문이다. 유시민은 의혹을 입증하지 못했다고 말했지만, 그것은 애당초 입증 불가능한 것이었다. 현실에 존재하지 않는 허구였기 때문이다. 유시민은 거짓말이라는 행위의 무게에 걸맞은 책임을 지는 모습을 보여야 했다. 실수는 용서받을 수 있지만, 거짓말의 해악은 용서받을 수 없기 때문이다. 그런 점에서 유시민의 사과는 미흡하기 이를 데 없다. 그의 거짓말로 피해를 받은 당사자들의 고통이 사과 한마디로 회복될 수는 없는 일이다.

진영에 갇힌 '선동하는 지식인'

유시민이 사과해야 할 것이 어디 노무현재단 계좌 열람 의혹 하나일까? 상식과 이성으로는 받아들이기 어려운 그의 발언은 한두 가지가 아니었다. 검찰이 정경심에 대한 압수수색을 하기 사흘 전에 정경심은 자산관리인 김경록과 함께 동양대에 가서 자신의 연구실에 있던 컴퓨터를 챙겨갔고, 자택에 있는 컴퓨터 하드디스크 3개도 김경록과 함께 빼돌렸다. 증거 은닉 논란이 일었지만 유시민은 기상천외한 발언을 한다. 역시 '알릴레오'를 통해 "증거를 지키기 위한 거지. (검찰이) 장난을 칠 경우를 대비할 수 있기 때문에"라며, 정경심이 컴퓨터를 빼돌린 것은 '증거 보존'을 위한 것이었다는 황당한 주장을 했다.

유시민의 주장이 터무니없음은 1심 판결을 통해 확인되었다. 재판부는 정경심이 검찰 수사 직후 자료를 없애기 위해 동양대에서 컴퓨터를 빼낸 사실을 인정했다. 1심 선고와 함께 법정 구속을 한 것은 또다시 증거 인멸을 할 수 있다는 점이 영향을 미쳤을 것으로 판단된다.

조국 일가에 대한 검찰 수사가 본격화할 무렵부터 유시민의 '알릴레오'도 언론의 집중적인 조명을 받았다. 유시민은 '조국 수호' 전쟁의 선봉에서 검찰 저격수로 나섰고, 출중한 입담으로 방송을 할 때마다 검찰을 맹폭했다. 유시민이 검찰의 '조국 죽이기' 음모를 한 가지씩 폭로할 때마다 뉴스가 되었고, 검찰은 그 내용을 반박해야 했다. 일개 유튜브 방송에서 나온 이야기에 언론과 검찰이 일일이 반응했던 것은 당시 민감한 정국에서 유시민의 영향력을 보여준다.

유시민은 그렇게 지지자들을 결집시켜 '조국 사태'의 성전聖戰으로 인도했다. 그런데 전쟁에서 승리하기 위해 무리한 주장이 속속 등장하기 시작했다. "윤석열 검찰총장이 조국 장관 임명에 반대하며 대통령 면담을 요청했다." "검찰이 조 전 장관 지명 전 내사에 착수했다." "정경심 교수가 검찰 압수수색 전에 자신의 컴퓨터를 가져간 것은 증거 인멸이 아니라 증거 보존이다." "이건 오픈북 시험이다." 유시민은 진실을 인양하는 심판자 행세를 하며 사실무근의 주장들을 마구 던졌다.

유시민이 제시하는 '상상'들은 지지자들에게 던져지면 순식간에 '사실'로 둔갑한다. 그러자 그것이 궤변이나 사실무근이라는 비판이 잇따랐다. 그러나 지나간 버스가 손을 들어도 오지 않듯이, 유시민의 말들은 그런 반박에도 아무런 설명이 없었다. 유시민은 의혹을 제기할 때면 종종 이런 말을 덧붙인다. "우리는 아무도 정확하게 사실을 모른다." "검찰에서 주장하는 것이 사실인지 아닌지 나는 모른다. 내가 틀릴 수도 있다." 그렇게 빠져나갈 구멍을 만들면서 의혹을 사실로 믿게 만드는 그의 모습에서는 능수능란한 마키아벨리스트의 모습을 발견하게 된다. 그는 대중을 상대로 하는 정치의 기술을 너무도 잘 알고 있었다.

심지어 유시민은 조국 사태 한복판에서 국민들은 조국으로 만들어 동일체로 의식하게 하는 기법까지 발휘했다. "조국 사태를 통해 우리 모두는 언제든 구속될 수 있구나 하는 것을 깨닫게 됐다." "검찰이 조국 가족을 털 듯하면 안 걸릴 사람이 없을 것이어서 우리는 항상 검찰과 법원에 감사해야 한다." 우리도 조국처럼 될 수 있다는 말은 평범하게 일상을 살아가는 수많은 사람에게 모욕감을 안겨주었다.

구속은 아무나 되는 것이 아니다. 범죄 혐의가 있어 검찰이 영장을 청구하고 법원이 발부해야 이루어지는 것이다. 자식의 스펙 쌓기를 도와주고 허위 인턴 증명서를 발급해줄 인맥이 주변에 존재하지도 않고 표창장을 감히 어떻게 위조하는지도 알지 못할 뿐더러, 장학금 한 번 받는 게 쉽지 않은 대부분의 사람은 그런 혐의를 받을 일이 없다. 사모펀드가 무엇인지도 모르고 살며, 더구나 시세보다 싼 가격에 주식을 사들이고 차명계좌로 거래하는 일은 꿈도 꾸지 못하는 대부분의 사람은 그런 일로 조사받고 구속될 일이 없다.

그러니 언제든 구속되는 것이 아니라 평생에 한 번도 구속되지 않고 사는 사람들이 대부분이다. 조국 가족이 구속되었다고 해서, 검찰 마음먹기에 따라 누구나 언제든 구속될 것처럼 말하는 것은 사실과는 거리가 먼 선동이다. 평소 교통신호 위반 정도 말고 법을 어기며 살 일이 별로 없는 대부분의 사람이 별다른 이유도 없이 구속될 일이 뭐가 있겠는가? 극단적인 상황을 일반화해서 사람들을 자극하는 전형적인 선동의 어법이다.

유시민의 어리석었던 언행들

유시민은 정치인이기도 했지만, 지금은 스스로 작가라고 소개하고 있다. 그는 정치뿐만 아니라 역사, 사회, 삶, 독서 등에 관한 책을 낸 베스트셀러 작가다. 우리 사회에서 갖고 있는 그의 영향력을 보면 지식인이라고 불러도 무방할 것이다. 그러나 책을 통해서는 그렇게도 훌륭한 말들을 해왔던 유시민은 언제부터인가 진영을 대변하는 선동가의 모습을 보였다. 선동가는 사실이 아니라 진영과 우리 편의 이익을 우선한다. 또한 진실이 담고 있을 복잡성을 단순화해 모든 일을 '악마와 천사'의 대결로 왜곡해버린다. 유시민이 보인 모습이 그런 것이었다.

사람은 대체로 좋은 삶을 살기 위해 노력하지만, 때로는 유혹과 충동을 다스리지 못해 나쁜 행동을 하고 범죄자가 되는 경우도 적지 않다. 특별한 의도는 없었지만 예기치 않게 일이 꼬여 잘못을 저지르는 경우도 많다. 그래서 적어도 공론의 장에서 어떤 사람에 대해 "그러고도 남을 사람이다"라거나 "결코 그럴 사람이 아니다"

라는 식의 단언을 하는 것은 대단히 신중하게 해야 한다. 여러 사실부터 제대로 파악하고 그 의도까지도 이해하는 복잡한 과정을 거쳤을 때 한 사람의 행동을 제대로 평가할 수 있는 것이다.

우리는 사람에 대해 쉽게 말하지만, 사실 그것처럼 어려운 일도 없다. 홀로코스트 같은 역사적 악행에 가담했던 사람들이 끔찍한 범죄 의도를 가진 특별한 사람들이 아니라, 자신이 무엇을 하고 있는지 사유하지 못한 사람들이다. 한나 아렌트의 '악의 평범성'은 그러한 인간을 이해하기가 얼마나 복잡한지를 말해준다. 그래서 지나친 정치적 열정과 신념은 인간의 행동을 편파적으로만 이해하게 만들 뿐, 전체적인 진실에 다가가는 데 아무런 도움을 주지 못할 때가 많다. 정치적 열정은 사실을 보는 눈을 멀게 만든다.

그토록 영민한 유시민이 조국 부부의 일에 관해 어리석은 언행을 했던 것도 그런 이유에서였을 것이다. 이미 독립적인 지식인이 아닌, 진영과 지지자들에게 갇힌 지식인이 되어버렸기 때문이다. 그의 관심은 사실을 확인하고 진실을 가리는 것이 아니라, 지지자들이 승리할 수 있도록 하는 데 있었다. 검찰이 노무현재단 계좌 열람은 사실이 아니라고 반박했는데도 유시민은 사실이 무엇인지 확인하려는 별다른 노력을 기울이지 않았다.

그러다가 1년이 지나도 금융기관의 통보가 없었던 것으로 드러나고 버틸 수 없는 상황에 이르자 사과를 하게 된 셈이다. 그가 진영에서 벗어나 있는 독립적인 지식인이었다면, 자신이 제기한 의혹이 사실인지를 가리려는 노력을 사전 혹은 사후에라도 성실히 했을 것이다. 그러나 그 의혹이 설사 사실이 아니더라도, 일단 한동훈에게 타격을 가함으로써 윤석열에 대한 여론을 악화시켜 그들과의 싸움에서 승리하는 데 기여할 것이라는 기대를 가졌을 법하다. 이처럼 지식인이 진영의 굴레에 갇혔을 때 그는 진실의 대변자가 되지 못한다.

'조국 수호'가 노무현 정신인가?

토니 주트Tony Judt는 『지식인의 책임』에서 '어디에도 속하지 않는 지식인'인 알베르 카뮈Albert Camus를 말하면서 그가 세 가지 행보를 보였다고 설명한다. 처음에는 승리한 레지스탕스를 자신만만하게 대변했고, 다음에는 비시 정권의 가장 악명 높은 변론가 가운데 한 명을 마지못해 구명운동을 했으며, 결국에는 전후 숙청자들의 무자비하고 공정하지 못했던 면모를 가혹하게 비판하는 변화를 보였다는 것이다.

냉전이 절정이었을 당시 프랑스의 지식인 사회에서 자신의 생각대로 말하는 것은 정말 쉽지 않은 일이었다. "앎의 용기를 갖는다는 것은 뒤늦게 찾아올 따름이다"라는 카뮈의 고백은 그런 것이었다. 그럼에도 1950년 무렵의 카뮈는 '객관성'이라는 익숙한 토대에서 이탈해 명약관화한 사실의 대변자가 되기로 마음먹는다. 물론 그것은 프랑스의 좌파 지식인 사회에서는 아주 인기 없는 길이었다. 그런 카뮈는 『반항하는 인간』을 펴내기 1년 전 수첩에 다음과 같이 적었다.

"내가 후회하는 것들 중 하나는 객관성을 위해 너무 많은 것을 희생했다는 점이다. 객관성은 때로 일종의 자기만족일 수 있다. 오늘에 와서 만사가 명백해졌다. 집단수용소는 집단수용소라고 불러야 마땅하다. 그것이 비록 사회주의라 할지라도 말이다. 어떤 면에서 나는 이제 다시는 더이상 예의 바르게 굴지 않겠다."

카뮈의 이 고백은 익숙했던 진영을 떠나서라도 명약관화한 사실을 우선하는 지식인의 책임을 말해준다. 일찌감치 문재인 정부의 '어용 지식인'이라고 선언했던 유시민이기에 그가 조국 수호의 선봉에 나섰던 것이 놀랍지는 않다. 그렇다고 해서 사실을 덮기 위해 온갖 궤변과 거짓말을 쏟아낸 것은 진영의 승리에 눈이 멀어 타락해버린 지식인의 모습이었다. 유시민의 『어떻게 살 것인가』에는 이런 말이 나온다.

"신앙이나 이념은 훌륭할 수 있다. 그러나 거기에는 조건이 있다. 다른 이념과 다른 신앙에 대한 관용tolerance을 갖추는 것이다. 그럴 때에만 신념은 삶을 풍요롭고 기쁘고 의미 있게 만드는 데 도움이 될 수 있다. 그래야 사람이 이념의 도구나 노예가 아니라 주인이 되는 것이다."

유시민은 너무도 훌륭한 말을 독자들에게 하고 있었다. 하지만 신념이나 이념의 도구로 살지 말 것을 말하면서, 유시민은 자신의 신념을 건 전쟁에서 승리하기 위해 태연히 거짓말을 하며 혹세무민했다. 스스로 말한 '어용 지식인'도 아니고, 그저 수단과 방법을 가리지 않고 지지자들을 결집시키려는 '선동가'였던 셈이다. 그런 선동을 믿어주는 사람이 많은 사회는 이성이 가위눌린 사회다.

한 가지만 더 짚고 싶다. 내가 가장 이해가 안 되었던 것은 어째서 노무현재단 이사장이 노무현재단 유튜브를 통해 조국과 정경심 부부를 수호하는 성전을 치렀느냐 하는 점이다. 노무현재단 이사장이라는 이름표를 떼고 했어야 하는 것 아니었을까? '조국 수호'가 노무현 정신이라고 생각한 것이었을까? 설마하니 노무현 정신이 그런 것이었을까? 노무현은 세상을 떠나며 "마을 주변에 작은 비석 하나 세워라"고 했다. 그런데 그를 따랐던 사람들은 노무현을 말하며, 자신들을 위해 세상 곳곳에 너무도 많은 것을 세우고 있다. 이 광경을 보았다면, 노무현은 과연 뭐라고 말할까?

애국과 이적의
이분법

친일파라고 불러야 한다

　한국 사회는 오랜 세월 분단에 갇혀 살아왔다. 불행했던 분단의
역사 속에서 한국 사회에는 이념적 이분법이 고착되어왔다. 세상
에는 '좌' 아니면 '우'밖에 없다는 생각이 사회를 지배했고, 이는
다시 우리 편이 아니면 적이라는 생각으로 연결되었다. 사회 구성
원들이 갖고 있는 다양한 생각과 판단은 오직 둘 중 하나로 분류되
고 만다. 우리 편이냐 적의 편이냐? 그 앞에서 인간의 다원적 사고

는 설 곳이 없다.

개인들의 다양한 정체성을 무시하고 모든 인간을 둘 중 하나로 나누려는 일방적인 시도는 폭력적이다. 그 폭력으로 인해 한국 현대사에서 무고한 사람이 얼마나 많이 박해받고 희생되었던가? 실제로 과거 독재정권들이 정권을 유지하기 위한 무기로 활용했던 것이 이념적 이분법이었다.

그런데 때 아니게 또 다른 이분법 논란이 벌어졌다. 발단은 한일 관계가 악화일로를 걷던 2019년 7월 조국 청와대 민정수석이 SNS에 올린 격문들이었다. 조국은 일본의 경제 보복에 대해 "'경제 전쟁'이 발발했다"고 말하면서 이렇게 말했다.

"문재인 대통령은 이 '경제 전쟁'의 '최고 통수권자'로 혼신의 힘을 다하고 있다. '전쟁' 속에서도 '협상'은 진행되기 마련이고, 또한 그러해야 하며, 가능하면 빠른 시간 '종전'해야 한다. 그러나 '전쟁'은 '전쟁'이다. 이러한 상황에서 중요한 것은 '진보'냐 '보수'냐, '좌'냐 '우'냐가 아니라, '애국'이냐 '이적利敵'이냐이다."

애국과 이적을 가르는 조국의 이분법적 주장은 이어서 계속되었다. "('한국인 개인이 일본 정부나 기업의 불법 행위에 대해 손해배상을 청구하는 것이 가능하다'라는) 1965년 이후 일관된 한국 정부의 입장과 2012년 및 2018년 대법원 판결을 부정, 비난, 왜곡, 매도하는 것은 정확히 일본 정부의 입장이다. 그리고 나는 이런 주장을 하는 한국 사람을 마땅히 '친일파'라고 불러야 한다고 생각한다."

아마도 조국이 비판하고자 했던 일차적 대상은 한일 갈등의 책임이 문재인 정부에 있는 것처럼 몰아가는 보수 야당과 보수 언론이었을 것이다. 그렇다면 그들에게만 초점을 맞춰 핀셋 비판을 하면 되는 일이었다. 그런데 조국은 굳이 확전의 길을 택했다. 정부의 입장과 일치하지 않거나 정부의 소홀했음을 지적이라도 하면 친일파 소리를 들어야 하고 이적 행위를 하는 사람이 되어버리고 만다.

당장 '한국인 개인이 일본 정부나 기업의 불법 행위에 대해 손해배상을 청구하는 것이 가능하다'는 2012년과 2018년의 대법원 판결에 반대한 사람 중에 2018년 대법원 판결에서 소수의견을 제시한 조재연·권순일 대법관이 있었다. 조국의 주장에 따르자면 소수의견을 낸 이들도 '친일파'로 불러야 하는 것이다. 또한 강제징용 판결에 대한 외교적 해법으로 여러 대안을 거론했던 외교학자들도 모두 친일파 소리를 들을 판이다. 당시 보수 야당과 보수 언론이 일본 정부보다 문재인 정부를 비판하는 데 열을 올렸듯이, 조국의 총구도 우리 내부를 향해 있었다.

조국이 일으킨 내전

일본의 강제징용 배상에 대한 대법원 판결과 다른 주장을 하는 사람은 일본 정부의 입장과 같은 것이고, 따라서 그런 사람은 친일파가 되는 것이다. 오래전부터 익숙했던 논리다. 북한이 했던 주장과 비슷한 주장을 하면 곧 북한의 입장을 따른 것이 되고, 그러한 사람들은 종북세력이 되어 단죄되었다. 북한이 일본으로 바뀌었을 뿐, 어떤 사람의 주장이 결과적으로 일본 정부에 동조한 것으로 해석된다면 친일파라는 낙인이 찍히게 된다.

조국은 일본을 향해 '적'이라는 표현을 공공연하게 썼다. 그러니 전쟁을 치르고 있는 정부의 의견과 조금이라도 다른 이야기를 하면 부역 행위가 되는 것이다. 그렇게 되면 조국이 말한 친일파는 그 범위가 무척 넓게 되어버리고 만다. 정부와 일치된 의견을 말하지 않으면 모두 친일파라는 소리를 듣게 된다. 문재인 정부가 싸우겠다고 하는 마당에 외교적 해결 운운하는 사람들은 일본 정부를 대변하는 친일파로 낙인찍히고 만다. 그러니 일본과의 싸움이 아니라 내전이 되어버리고 말았다.

언젠가는 일본이 진짜 우리의 적이 되는 날이 있을지도 모른다. 독도에 대한 일본의 영유권 주장은 그 뇌관이다. 하지만 지금은 일본이라는 나라를 하나로 규정하기 어려운 것이 현실이다. 갈등하면서도 손잡을 수밖에 없는 것이 현재의 한일 관계다. 이적 행위라는 말은 그 관계의 복잡성을 극단적으로 단순화해버리고 만다. 더구나 국민들을 내부적으로 분열시킨다.

진실을 담지 못한 선동

그런데 조국이 그 같은 이분법적 주장을 한 지 얼마 지나지 않아 문재인 정부는 언제 그랬냐는 듯이 일본과의 관계 개선을 모색하게 된다. 현실적으로 한일 관계의 악화가 장기화되는 상황에 대한 경제적·외교적 부담을 의식했기 때문이다. 문재인은 2021년 1월 신년 기자회견에서 일본을 향해 화해의 유화적 메시지를 적극적으로 제시하기에 이른다.

문재인은 한일 관계에 대해 "외교적으로 해결하기 위해서 양국이 여러 차원에서 대화를 하고 있다. 그런 노력 중에 위안부 판결 문제가 더해져서 솔직히 곤혹스러워진 게 사실"이라고 밝혔다. 이는 과거사 배상 판결에 대해 사법부의 판단을 존중한다고 했던 기존 입장과는 차이를 드러낸다. 또한 2015년 한일 위안부 합의는 '공식 합의'라고 인정하는가 하면, 강제징용 배상 판결과 관련해 일본 기업 자산 현금화가 "한일 양국에 바람직하지 않다"면서 외교적 해법이 우선이라고 말했다. 그렇게 문재인은 일본과의 관계 개선을 위해 유화적인 신호들을 계속 발신하고 있다.

조국의 말대로라면 적의 항복을 받아내지 못하고 현실적인 타협을 모색하는 문재인은 무엇이 되는가? 조국의 이분법적 주장은 한일 갈등 국면에서 지지층을 결집시켜 문재인 정부에 대한 지지 분위기를 고조시키려는 정치적 선동의 용도였을 뿐, 그 어떤 진실을 담고 있지 못했다. 지지자들을 결집시키기 위해 국민들을 향해 친일파라는 정치적 낙인을 찍고 사실을 과장하는 분열적인 선동이었다. 어쩌면 몇 달도 가지 못해 방향을 선회할 수밖에 없었던 강경한 대일 노선을 절대적 가치로 내건 것에 불과했다.

프리모 레비Primo Levi는 「불명료한 글쓰기에 대하여」라는 글에서 이렇게 말한다. "흰 페이지는 희다고 말하는 것이 최선이다. 만일 왕이 벌거벗었다면 벌거벗었다고 말하는 것이 정직하다." 프리모 레비의 이러한 주문은 '과장되지 않은 글쓰기'를 하라는 의미다. 있는 그대로의 사실을 표현하지 않고 자신의 주관적 감정이나 흥분에 따라 부풀려서 혹은 극단적으로 표현하는 글쓰기는 지지자들의 박수를 받을 수는 있겠지만, 그런 글은 진실을 담지 못한 선동이 되어버리고 만다.

그래서 프리모 레비는 다시 말한다. "우리는 우리가 쓴 것에 대해 한 단어 한 단어 책임져야 한다." 조국은 애국과 이적의 이분법을 제시하고 얼마 뒤 청와대를 떠나 법무부 장관이 된다. 하지만 그가 청와대를 떠난 뒤에도 친일파 낙인찍기의 후과는 두고두고 계속되었다. 국민의 분열을 막는 데 앞장서야 할 사람이 오히려 국민을 갈라치기했던 이 광경은 또 하나의 흑역사였다.

윤미향과 정의연의 논란은
무엇을 남겼는가?

할머니들이 소외된 활동가 중심의 인권운동

'국회의원직을 사퇴해야 한다'는 여론이 70퍼센트를 넘은 가운데, 윤미향은 기자회견에서 후원금을 개인적으로 사용한 일이 없다는 등 자신을 향해 제기된 여러 의혹을 모두 부인했다. 윤미향을 지키는 쪽으로 가닥을 잡은 민주당 지도부는 의혹들이 충분히 소명되었다며 엄호했지만, 그렇지 못했다는 여론 또한 여전했다. 당시 김해영 최고위원도 지적했듯이 최소한 개인 계좌로 받은 후원금 지출 내역이라도 투명하게 공개했어야 결백을 입증할 수 있었을 텐데, 검찰 수사를 이유로 그런 자료들은 제시하지 않았다.

그 뒤 검찰은 제기된 의혹들에 대한 수사에 착수한 지 4개월 만에 윤미향을 불구속 기소하고 재판에 넘겼다. 윤미향에게 적용된 혐의는 개인 계좌를 이용해 위안부 할머니의 국외 여행 경비 등을 모금한 뒤 개인적으로 쓴 혐의(업무상 횡령), 치매를 앓고 있는 길원옥 할머니가 받은 여성인권상 상금 일부 등을 정의기억연대(정의연)에 기부하게 한 혐의(준사기) 등이다. 이런 혐의들에 대한 법적 유무죄 판단은 법원의 판결을 기다려봐야 할 상황이다.

돈 문제를 둘러싼 진실은 제3자가 쉽게 결론을 내리기 어렵고 법원의 판단을 기다려본다 하더라도, 윤미향과 정의연의 논란이 돈과 관련된 의혹에 국한된 것은 아니었다. 윤미향은 위안부 인권운동의 대표성을 갖고 민주당 비례대표로 선출되어 국회에 들어가게 된 인물이다. 그런데 이용수 할머니와의 갈등 과정과 정의연의 부실 운영 실태가 세상에 여과 없이 드러나면서 그동안 쌓아왔던 신뢰가 무너졌고, 많은 상처를 입은 상황에서 기존의 대표성을 유지하는 것이 가능할지 의문시되는 것이 사실이다.

위안부 인권운동 역사에서 어쩌다 이런 사태가 초래되었는지 근본적인 문제를 성찰하지 않는다면 위안부 인권운동의 앞날은 예전 같지 않을 것이다. 사태의 발단은 보수 언론과 보수 야당의 무차별적 의혹 제기가 아니라 내부에서 비롯되었음을 상기할 필요가 있다.

설혹 법원이 부정한 돈의 사용은 없었던 것으로 판결한다고 하더라도, 윤미향과 정의연이 주도하는 위안부 인권운동이 아무 일도 없었던 듯이 그대로 지속될 수 있을까? 오히려 성찰과 혁신의 일대 전환 없이 지금 그대로의 방식으로 운동이 계속된다면 그것이 더 문제일 것이다.

그동안 위안부 인권운동이 국민의 절대적인 지지를 받아왔던 데는, 한국정신대문제대책협의회(정대협, 정의연의 전신)나 정의연이 위안부 할머니들과 함께하며 그분들의 생각을 대변한다는 믿음이 있었기 때문이다. 그래서 이들이 하는 일이라면 더 생각해볼 필요도 없이 지지해주어야 한다는 국민적 공감대가 있었다. 그런데 이용수 할머니가 윤미향에 대한 분노와 배신감을 토로하자 여러 위안부 할머니와 활동가 사이에 괴리가 있었다고 세상에 알려지면서 국민들이 가졌던 믿음도 깨져버렸다.

할머니들이 활동가들의 목표에 맞춰야 했는가?

무엇보다 위안부 인권운동이 할머니들은 소외된 채 활동가 중심의 운동이 되어왔다는 사실이 드러났다. 할머니들에게 후원과 응원을 보내왔던 국민들은 뭔가 속은 것 같은 느낌을 갖게 되었다.

물론 위안부 할머니들이 입은 피해의 실상을 세계에 알리고 일본의 사죄와 배상을 요구하는 여론을 이끌어온 정의연의 공헌은 높이 사야 할 것이다. 하지만 그러한 운동의 성취 과정에서 정작 할머니들이 불만과 처지를 호소하는 상황이 되어버렸다면, 그것은 주객이 전도된 운동이라는 지적을 피할 수 없다. 정대협과 정의연은 자신들의 입장과 뜻을 달리하는 할머니들은 '기억의 터' 명단에 이름조차 올리지 못하도록 했다고 한다.

활동가들은 위안부 문제의 정의로운 해결을 위해서는 자신들의 노선에 할머니들이 뜻을 같이해야 한다고 믿었을 것이다. 그래서 운동은 할머니들이 자신들의 목표에 맞춰줄 것을 요구했던 것으로 생각된다. 하지만 많은 할머니의 삶과 조건과 생각을 단일한 서사로 묶는다는 것은 애당초 불가능한 일이었다. 피해자 할머니들을 위해 운동이 있는 것이지, 운동을 위해 할머니들이 있는 것이 아니다. 그동안 응원도 하고 성금도 보냈던 국민들은 위안부 인권 운동이 할머니들을 지원하기 위한 것이 아니라는 설명을 과연 이해할 수 있을까?

이용수 할머니는 '성노예'라는 표현이 창피하다며 쓰지 말아 달라고 거듭 말했다. 얼마나 싫으면 그랬을까? 하지만 활동가들은 유엔의 권고라며 본질을 알리기 위해서는 그 표현을 써야 한다는 입장을 고수했다. 이럴 때 우리는 누구의 의견을 따라야 하는가? 나는 다른 어떤 운동의 논리나 표현의 효과를 떠나 할머니들이 원하는 대로 마음 편히 해드리는 것이 도리라고 생각한다. 할머니들이 갖고 있을 끔찍한 트라우마를 생각한다면, 여생이나마 그 고통에서 벗어나 치유받을 수 있도록 도와드리는 것이 피해자를 중심에 놓고 생각하는 운동의 초심이라고 믿는다.

이용수 할머니를 분노하게 만든 것

가끔은 알아듣기 힘든 대목도 있었지만, 기자회견에 나선 이용수 할머니가 말하고자 했던 것은 분명했다. "정대협에서 위안부를 이용한 것은 도저히 용서 못한다." 이용수 할머니는 마음속에 품고 있던 분노와 배신감을 그렇게 토로했다. 윤미향을 향해서는 "사리사욕을 챙겨서 마음대로 국회의원 비례대표도 나갔다"며 "재주는 곰이 넘고 돈은 사람이 챙긴 것 아니냐"고 신랄하게 비판했다. 이용수 할머니와 윤미향의 파국적 갈등을 우려하던 사람들은 그래도 화해의 실마리를 찾게 되지 않을까 내심 기대도 했겠지만, 이용수 할머니는 그런 것은 없다고 분명히 선을 그은 셈이다.

무엇이 이용수 할머니를 저토록 분노하게 만들었을까? 기자회견을 시청하면서 내내 든 생각이었다. 섭섭한 것은 알겠지만 저렇게까지 화낼 일일까? 연세가 많이 들어서 한 번 화난 것을 풀지 못하고 있는 것은 아닐까? 나이 들어 괴팍스럽고 고집스러워진 노인의 화로 받아들이는 사람들은 그런 생각을 했을지도 모른다. 실제로 최민희 전 의원은 CBS 라디오 〈김현정의 뉴스쇼〉에 나와서 "윤미향 당선인이 국회의원이 되는 것에 대해 왜 저렇게까지 거부감을 보이실까, 그 부분이 조금 솔직히 납득이 안 된다"고 말했다.

그것은 점잖은 표현이고, 포털사이트 댓글에서는 이용수 할머니를 가리켜 '할망구', '노망난 늙은이', '친일파', '치매' 등의 표현을 써가며 공격했다. 이들은 "자기가 국회의원 되고 싶었는데, 윤미향이 돼서 배 아파 그런다", "일본으로 가겠네", "토착왜구당에 조종당하는 인형", "특혜를 마치 권리인 양 떠든다", "대구스럽다", "결국 돈이네" 등의 비난을 쏟아냈다. 이렇게 할머니를 모욕하고 조롱하는 사람들의 모습을 지켜보는 것은 무척 참담한 일이다.

이용수 할머니가 과거에 새누리당에 공천 신청을 했다는 이야기가 돌더니, 기자회견장에 미래통합당 곽상도 의원이 자리를 했다는 이야기가 돌았다. 물론 둘 다 사실이 아닌 마타도어였다. 김어준도 어김없이 음모론을 들고 나와 이용수 할머니를 꼭두각시로 만들어버렸다. 그는 〈김어준의 뉴스공장〉에서 "기자회견문을 읽어보면 이용수 할머니가 쓰신 게 아닌 게 명백해 보인다"면서 "누군가 왜곡에 관여하는 게 아니냐"고 말했다. 그러면서 "누군가 자신들 입장을 반영한 왜곡된 정보를 할머니께 드린 것"이라고 주장했다.

이용수 할머니 뒤에는 배후가 있고, 할머니는 조종당하는 꼭두

각시에 불과하다는 말이다. 하지만 기자회견문은 할머니의 생각을 잘 알고 있는 주변 사람들이 정리한 것으로 알려졌다. 거기에 정치적 음모를 연상시키는 배후 운운하는 것은 터무니없다.

누가 이용수 할머니를 모략하는가?

어쩌다 보니 이용수 할머니냐, 윤미향이냐를 선택하는 게임처럼 되어버렸다. 또 편을 갈라 싸움을 하는 광경이 벌어졌다. 이용수 할머니를 사리 분별 못하는 노인으로 만들려는 움직임은 윤미향을 지키기 위한 것이다. 그러나 무망해 보인다. 윤미향은 위안부 인권운동의 대표성을 갖고 국회의원이 되었다. 그런데 윤미향에게 법적인 책임이 따르는지는 재판 결과를 지켜보아야겠지만, 지금까지 상황만으로도 국회에서 위안부 인권운동의 대표자 역할을 하기는 무리다. 무엇이 진정으로 위안부 문제의 역사적 해결에 힘을 모으고 도움이 되는 길인지, 윤미향의 책임지는 결단이 필요했다.

이제까지 나온 이야기들로 문제의 줄기는 대략 짐작된다. 정대협 혹은 정의연은 언제나 할머니들을 앞세워서 모금을 했지만, 할머니들은 도움을 받지도 못했다. 한마디로 이용만 한 것 아니냐는 항변이다. 이용수 할머니는 문제 해결보다는 증오만 키우는 관성적 운동 방식에 대해서도 이의를 제기했다. 무엇보다도 윤미향이 국회의원이 되는 과정에서 나타나듯이, 피해자들과 소통하지 않는 활동가들에 대한 불신을 갖고 있었다.

물론 각자의 위치에 따라 생각과 해석이 다를 수는 있다. 윤미향을 비롯한 정의연의 활동가들은 운동의 발전과 성취가 우선이었을 것이고, 할머니들은 자신들을 소외시키지 않는 위안부 인권운동을 원했을 것이다. 활동가들은 기억을 보존하고 세계에 알리는 데 주력했고, 할머니들은 그런 화려한 업적 속에서 정작 자신들의 처지는 달라지지 못한 것이 한스러웠을 것이다.

하지만 이용수 할머니가 기자회견을 하기 전까지 그런 간헐적인 목소리들은 이미 운동의 권력이 되어버린 활동가들의 귀에 들어오지 않았다. 반일反日 원리주의와 성역화된 운동에서는 생각을 달리하는 누구의 의견도 들리지 않았다. 그렇다면 이용수 할머니를 탓할 문제가 아니라, 피해자들은 사라지고 활동가들이 중심이 된 '운동을 위한 운동'에 갇혀버린 정의연의 책임이 크다.

요한 볼프강 폰 괴테Johann Wolfgang von Goethe의 『파우스트』에서 파우스트는 악마 메피스토펠레스와의 계약을 통해 시도했던 여러 인생이 비극으로 끝났지만, 생에 대한 불굴의 의지를 보였다. "나는 오로지 갈망하고 그것을 이룩하였고, 또다시 소망을 품고서는 그다지도 기운차게 일생을 돌진해왔다."

파우스트의 삶은 끊임없는 열정과 노력으로 이어졌지만, 끝없이 목표를 찾아가는 삶의 방식은 여러 얼룩을 남겼다. 자신의 목표를 이루기 위해 앞만 보고 달리는 삶이었던 셈이다. 어쩌면 파우스트의 모습이 위안부 인권운동을 이끌어온 활동가들의 모습일 수 있다. 진작에 옆을 살피고 뒤도 돌아보며 피해자 할머니들과 함께했어야 했다. 할머니들이 대상이 아닌 주체로서 말이다.

이용수 할머니는 피해자로서 할 이야기를 한 것이다. 이제는 얼마 남지 않은 인생, 이렇게 끝내고 싶지 않다는 간절함이 있었을 것이다. 그래서 피해자로서 운동의 수단이 되지 않고 스스로 주체가 되겠다는 선언을 한 것이다.

위안부 인권운동의 역사는 흔들리지 말고 계속 이어져야 한다고들 말한다. 어느 개인의 부침에 상관없이 당연히 그래야 한다. 그런 생각을 갖고 있다면 이용수 할머니에 대한 모욕은 지금 멈춰야 한다. 그런 사람들이야말로 위안부 인권운동의 초심을 무너뜨리는 또 다른 가해자들이 아니겠는가?

위안부 문제의 해결을 위해

다른 문제들도 마찬가지다. 인권운동은 애당초 할머니들을 위한 것이었다. 활동가들이 아무리 대단한 성취를 이루고 공적을 쌓은들, 정작 할머니들은 자신들의 소외된 처지를 한탄하며 분노하고 있다면 그게 다 무슨 소용이겠는가. 세계 곳곳에 소녀상을 세우

고 기념관을 만들며 인권운동은 확장되고 있었지만, 할머니들의
여생은 여전히 힘들고 어렵다면 그것은 누구를 위한 운동인가?

무엇보다 중요한 것은 할머니들이 한 분이라도 더 살아계실 때
위안부 문제를 해결하는 일이다. 여기서 국가의 책임 또한 간과되
어서는 안 된다. 아무리 그동안 정의연이 위안부 문제 해결을 선도
해왔다고 하더라도, 최종적으로 외교적 해결을 할 주체는 어디까
지나 한일 양국 정부다. 2015년 합의가 사실상 파기되기는 했지
만, 과거에 비해 진일보한 내용들이 있었던 것은 사실이다.

일본 정부가 '군의 관여'와 '일본 정부의 책임'을 인정한 점,
'사죄와 반성의 마음을 표명'한 점 등은 우리가 해온 요구들과 크
게 다른 것은 아니다. 다만 '법적' 책임이 명기되지 않은 점, '국가
배상'이 아닌 '지원금'에 그친 점, 소녀상 문제 등으로 인해 위안부
운동단체들과 국민의 동의를 얻지 못했던 것이다.

그 뒤로 일본 정부는 재협상 불가 원칙을 고수했고, 한국 정부
는 손을 놓아버린 상태다. 상황이 어렵더라도, 위안부 문제가 해결
되도록 정부가 다시 외교적 노력을 기울여야 할 일이다. 모든 것을
시민단체에 떠넘기고 바라만 보고 있는 것은 국가의 책임 있는 모
습이 아니다. 정부가 나서서 정의연 같은 시민단체뿐만 아니라 할
머니들의 의견도 듣고 각계의 다양한 의견도 모아가며 위안부 문
제의 해결을 위한 중지를 모으고 방안을 찾아나가야 한다.

어쩌면 정부가 그러한 책임을 다하지 않는 과정에서 정의연이

라는 시민단체에 힘이 과도하게 집중되고 독점적 지위가 만들어지다 보니 이런 사태가 생겨났는지도 모른다. 위안부 문제가 어느 한 시민단체의 생각에 의해 좌우되는 것은 바람직하지 않다. 윤미향이 이끌었던 정의연이 이룬 공적은 보존하고 계승해야겠지만, 그 이면에 자리했던 문제들은 바로잡아 나가는 노력이 필요하다. 성찰 없는 관성에 위안부 인권운동의 내일을 맡길 일은 아니다.

박원순을
조문할 수 없었던 이유

애도할 수 없게 만든 사람들

2020년 7월 10일 새벽, 전날 가족에 의해 경찰에 실종 신고가 접수되었던 서울시장 박원순이 자살한 채로 발견된 충격적인 사건이 있었다. 실종 직전에 성추행으로 피소되었다는 사실도 알려졌다. 박원순이 극단적인 선택을 하게 된 이유에 대한 의문이 증폭되었다.

나는 그때 고인의 빈소에 조문을 가지 않았다. 아니 '차마 갈 수가 없었다'고 하는 것이 정확한 표현일 것이다. 인권 변호사와 시민운동가 시절의 고인을 존경했고 소소한 인연도 있었던 터라, 찾아가서 고인에 대한 예를 갖추는 것이 인간적인 도리였음을 모르지 않았다. 하지만 그럴 수가 없었다.

피해 여성을 향해 벌어지는 야만적인 2차 가해의 광경들, 많은 비판에 귀를 닫고 굳이 '서울특별시장葬'을 택한 서울시의 결정, 추모의 말은 절절하지만 피해 여성이 겪은 어려움에 대해서는 입을 닫아버린 정치인들의 모습, 성추행 의혹을 물으니 예의 없다며 '후레자식'이라 퍼붓는 여당 대표의 언행만 없었어도, 나는 조용하게 예를 갖춰 고인을 애도했을 것이다. 모두가 고인의 삶을 기리며 추모만 하고 입을 닫아버린다면, '공소권 없음'이라는 다섯 글자로 모든 일이 종료된다면, 평생을 고통의 감옥에 갇혀 지내야 할 피해 여성은 어떻게 되는지를 생각하지 않을 수 없었다.

그래서 지금 어느 방구석에 갇혀 괴로워하고 있을지 모르는 피해 여성의 편을 들기 위해, 성추행 의혹을 끝내 입에 담는 '후레자식'이 되기로 마음먹었다. 진정으로 인간적인 애도를 할 기회를 박탈해간 사람은 누구인지 묻고 싶었다. 고인을 애도할수록 피해 여성은 외로워지는 반인간적인 제로섬 게임으로 만들어버린 사람은 누구인지 묻고 싶었다. 진정한 애도의 시간을 가질 수 없도록 마음을 흔들어놓고, 슬픈 마음이 있어야 할 자리에 분노의 마음이 있도록 만들어버린 사람은 누구인가?

놀라웠던 것은 평소 '약자에 대한 배려'니, '양성평등'이니 하는 말을 입에 달고 살던 사람들까지 2차 가해를 방조하거나 심지어 그 대열에 동참했다는 것이다. 그렇게도 기성세대와는 다른 청년 정치를 말하던 사람들조차 조문을 가지 않겠다는 류호정과 장혜영 두 청년 정치인을 비난하고 있었다. 오직 고인의 명예에 누가 될 것만을 걱정하던 사람들은 피해 여성의 존재를 말하려는 입들을 막아버리려 했고, 심지어 피해자를 가해자로 둔갑시키는 위력을 과시하기도 했다.

그런 기막힌 SNS 글에 수천 명씩 '좋아요'를 누르는 광경은 어느 미개한 나라가 아닌, 한국 사회에서 벌어지고 있는 실화였다. 받아들이기 어려운, 아니 받아들여서는 안 될 그 현실의 이면에는 고질적인 정파성과 진영 논리가 숨어 있음을 읽을 수 있었다. 그러니 애도는 살아 있는 사람들이 자신들을 지키기 위한 것이 되어버렸다.

피해 여성을 외면한 여성운동가들

검찰이 밝힌 박원순의 성추행 피소 사실 유출 진상은 자못 충격적이었다. 한국여성단체연합(여연) 김영순 상임대표에 의해 최초로 유출되어 남인순 의원에게 전해졌고, 이는 다시 임순영 서울시

젠더특별보좌관을 거쳐 박원순에게 전달되었다는 것이다. 누구보다 엄정했어야 할 젠더특별보좌관이 피해 여성이 고소한 사실을 알려준 것이다. 이 세 사람은 모두 여성운동가로서 활동했던 이력을 갖고 있다.

그런 사람들이 피해 여성의 처지를 고려하지 않고 가해자의 안위부터 염려하며 피소 사실을 유출한 일은 자신들이 그동안 해왔던 여성운동의 길과 정반대의 길을 간 것이다. 사적인 경로를 통해 피소 사실이 가해자에게 유출되었을 때 피해 여성이 어떤 불이익이나 위험에 직면하게 될지 알 수 없는 일이다. 그런데도 이들은 어떻게 이심전심으로 그런 행위를 했던 것일까?

그 이유는 세 사람이 박원순과 같은 진영에 속해 있다는 동질성에서 찾을 수 있다. 김영순은 여연의 상임대표로 있으면서 정부와 서울시의 각종 위원회에 참여하고 있는 인물이다. 남인순은 박원순과 같은 민주당 소속이며, 임순영은 오랫동안 남인순의 보좌관으로 활동한 인물이다. 진영 내의 얽히고설킴은 단지 세 사람의 관계에 한정되지 않는다.

당장 여연의 모습 또한 궁색했다. 여연은 자기 단체의 대표가 유출자라는 사실을 이미 알고도 검찰 수사 결과 발표가 나오고 나서야 뒤늦게 사실을 인정하고 사과했다. 여연에서 직무가 배제된 김영순은 정부 주요 위원회와 공공기관 위촉직에서 사의를 표명했다. 국무총리 소속 양성평등위원회 위원, 여성가족부 산하 한국 여성인권진흥원 비상임 이사, 서울시 성평등위원회 위원, 대법원 양형위원회 자문위원, 대통령 직속 일자리위원회 위원 등.

한국의 대표적인 여성운동단체 대표가 성추행 사건에서 가장 먼저 떠올렸던 것이 가해자에 대한 염려였다니 어떻게 그럴 수 있었을까? 그가 참여해온 각종 위원회의 이름을 접하니 그럴 수도 있겠다는 생각이 들었다. 그 상황에서 피해 여성을 먼저 생각하기에는 여기저기 얽혀 있는 관계가 너무도 많았던 것이다. 여성운동가이기 이전에 '진영'의 일원이 되었던 셈이다.

여성운동가도 그렇고 NGO의 공익적 활동가나 대학교수 같은 전문가들이 정부의 각종 위원회에 참여하는 것은 의미 있는 일이다. 하지만 과유불급이라고, 너무 돈독한 관계가 되어버려 자신을 권력의 일원 혹은 운명공동체라고 생각하는 지경에 이르게 되면 그런 활동은 족쇄가 되고 만다. 광역단체장 선거 때면 누가 당선될 것인지에 촉각을 곤두세우는 교수가 많다는 이야기를 들은 적이 있다. 자신이 참여하고 있는 각종 위원회며 용역들이 어떻게 될지 계산한다는 것이다.

그런 주고받는 관계들이 구축한 '이익공동체'는 차라리 순수할 수도 있는 '신념공동체'를 능가하는 무서운 결속력을 발휘하게 된다. 박원순과 인연이 있었던 대부분의 진보 인사가 피해 여성이 아닌 박원순 편에 섰던 사연도 거기서 찾을 수 있다. 여성운동단체의 대표가 피해 여성이 아니라 가해자를 먼저 염려하는 기막힌 광경도 그래서 가능했던 것일 게다.

여성운동을 발판으로 금배지를 달게 되었고, 이제는 여당의 다선 중진이 된 국회의원과 성평등의 구현이 소임인 젠더특별보좌관이 박원순을 먼저 걱정하는 태도를 취했던 것도 마찬가지다. 세 사람이 속해 있는 곳은 각기 서울시, 국회, NGO였다. 세 영역은 서로가 서로를 견제하는 것이 책무다. 그러나 이들이 하나가 되어 성추행 사건 가해자의 안위를 걱정하는 '원팀'이 되었던 것이다.

여성의 고통보다 '진영 수호'가 우선인가?

물론 그들만의 문제는 아니다. 민주당 소속 여성 의원들은 박원순이 사망한 후 뒤늦게 여론에 떠밀려 사과했다. 그것도 정말 내키지 않는 마음이 읽히는 '피해 호소인'이라는 용어를 사용하면서 말이다. 최근 언론 보도를 통해 당시 민주당 여성 의원들이 '피해 호소인'이라는 용어를 사용하게 된 단톡방 회의 상황이 알려졌다. 여기서도 남인순을 비롯해 여성운동을 대표했던 의원들이 그 용어의 사용을 적극 주장했던 것으로 드러났다.

적어도 여성운동을 대표했다는 이력을 배경으로 국회의원이 된 정치인들이라면, 그들에게 정치의 시작과 끝은 여성의 삶의 문제가 되어야 했다. 그들이 여성의 고통을 잊어버리고 정치를 하기에는 여전히 달라지지 않은 것이 너무도 많기 때문이다. 그러나 어느덧 정치인이 되고 중진 의원도 되고 장관도 지낸 여성 의원들에게는 여성의 고통스러운 삶보다 진영의 이익을 지키는 일이 중요했다.

남인순은 '무슨 불미스러운 일이 있느냐'만 물었을 뿐, 피소 사실을 유출한 바 없다는 입장을 뒤늦게 밝혔다. 그러나 임영순이 한국성폭력상담소장 이미경과 여연 상임대표 김영순을 정확히 짚어서 확인 전화를 한 사실은 남인순의 전화가 질문 이상의 것을 담고 있었음을 짐작하게 한다. 설혹 정식 피소 이전의 시점이었다고 해도, 임영순에게 '무슨 불미스러운 일'에 대해 이야기를 꺼낸 것만으로도 피해 여성은 무마, 회유, 위협 같은 위험에 처해질 수 있는 상황이었다.

심지어 피해 여성을 겨냥해 '꽃뱀' 이야기를 꺼낸 여성 검사도 있었다. 진혜원 검사는 박원순의 성추행 사실이 인정된다는 법원의 판결이 나오자 SNS에서 '꽃뱀' 강의를 하고 나섰다. 법원의 판결에 대해 '나치 돌격대 수준'이라고 맹비난하고 꽃뱀 이야기를 꺼낸 것이다. "꽃뱀은 왜 발생하고, 수틀리면 왜 표변하는가"라며 "문란한 암컷"이라고 하자 피해 여성을 꽃뱀이라고 맞장구치는 댓글이 이어졌다.

평소 입만 열면 약자와 정의를 말하던 진영의 사람들이 보여준 참혹한 광경이었다. 자신은 피해 여성이 아니라 다른 이야기를 한 것이라고 둘러댈지 모르겠지만, 사람들이 그렇게 바보는 아니다.

문재인 정부에서 공직에 있는 검사가 그런 언행을 해도 되는 것인지 도통 알 길이 없다.

당시 재판부는 "(피해자가) 박원순 전 시장 밑에서 근무한 지 1년 반 이후부터 박 전 시장이 야한 문자, 속옷 차림 사진을 보냈고 '냄새 맡고 싶다', '사진을 보내달라'는 문자를 받았다(고 진술했다)"며 "이런 진술에 비춰보면 피해자가 박 전 시장의 성추행으로 인해 상당한 정신적 고통을 받은 건 사실"이라고 밝혔다.

재판부가 성추행 사실을 인정한 판단의 근거는 정신과 병원이 제출한 진료와 상담의 의무기록이었다고 한다. 의무기록은 보통 재판에서 신빙성이 높은 증거 자료로 인정되는 것으로 알려져 있다. 하지만 법원이 어떤 자료에 근거해서 어떤 판단을 내린들, 오직 박원순을 지켜야 한다는 믿음을 가진 사람들은 어떤 사실도 인정하지 않았다.

그 같은 판결을 내린 재판부에 대해 '사법 쿠데타'라고 비난하며 경찰에 고발까지 하는 공격을 하고 나섰다. 이 진영 내부는 어떤 사실도 받아들이지 않는 막무가내의 신념이 구축된 것 같다. 여성 검사가 성추행 피해를 당한 같은 여성을 향해 '꽃뱀'이라고 조롱하는 엽기적인 일도 그렇게 가능한 것이었다.

여성운동의 무덤 위에 세워진 '진영의 카르텔'

박원순의 성추행 사실을 인정한 법원의 판결 이후에도 2차 가해가 계속되자, 피해 여성의 가족들이 입장문을 냈다. 피해 여성의 어머니는 딸의 상황을 이렇게 전했다. "피해자는 하루에도 몇 번씩 '엄마 내가 죽으면 인정할까?'라는 말을 한다. 자기의 모든 비밀번호를 가르쳐주며 만일을 위해 기억하고 있으라고 한다"라며 모녀의 고통스러운 상황을 이렇게 토로했다.

"어느 모녀가 변사체로 발견됐다는 기사가 나오면 유심히 들여다보며 어떻게 죽을 수 있는지 연구하는 표정이 어떤 것인지 그들은 모를 것입니다. 나는 우리 딸 앞에서 지난 6개월 동안 숨도 제대로 못 쉬었습니다. 가슴이 답답하고 터져버릴 것 같아 대성통곡이라도 하고 싶지만 나는 우리 딸 앞에서 절대로 내색을 하지 못했습니다. 내가 힘들다고 하면 같이 죽자고 하기 때문입니다. 나는 말합니다. 죽으면 또 악성 지지자들이 '그것 보라고 지가 잘못했으니 죽은 거'라고 나올 거라고 그럴수록 더 씩씩하게 살자고 겨우 달래 놓으면, 이낙연 대표가 나와서 사과 같지 않은 사과를 하고, 또 달래 놓으면 윤준병 의원이 사필귀정이라는 둥 뭐라 하고, 또 달래 놓으면 진혜원 검사가 꽃뱀이 어쩌고 뭐라 하고, 김주명, 오성규, 민경국, 김민웅 같은 사람들이 나와서 또 한마디씩 황당한 소리를 하고, 그런 상황이 되풀이되며 우리는 정신적으로 육체적으로 피폐해졌습니다."

진영의 충성스러운 투사들에 의해 진행된 2차 가해와 그런 상황을 방관하던 사람들의 모습은 피해 여성과 그 가족들을 지옥과도 같은 고통 속으로 몰아넣었던 것이다. 마침내 피해 여성은 남인순 등을 향해 '그날의 잘못'에 책임지는 행동을 촉구한다.

"적어도 남인순, 김영순, 임순영 세 사람에 의해 7월의 참담함이 발생했고, 오늘까지 그 괴로움이 지속되고 있다는 점에서 이 상황에 책임지는 행동이 반드시 필요합니다. 세 분의 잘못된 행동의 피해자는 저뿐만이 아닙니다. 여성운동과 인권운동에 헌신하며 인생을 바치는 사람들에게 충격이 되었고, 의지할 곳 없이 여성단체의 도움을 받았던 저와 같이 연약한 피해자들에게 두려움과 공포가 되었을 것입니다."

사회심리학자 로랑 베그Laurent Begue는 『도덕적인 인간은 왜 나쁜 사회를 만드는가』에서 "집단 속에서는 자의식이 약화되고 평소의 개인적 신념과 모순되는 행동을 저지르기가 한결 수월해진다"고 말한다. 박원순의 성추행 피소를 둘러싸고 여성운동 출신 인사들 사이에서 있었던 일련의 일도 그들이 속한 '진영'이 있었기에 가능한 일이었을 것이다. '우리끼리'라는 집단의식은 이들로 하여금 정반대의 행동을 하게 만들었다. '우리가 남이가'의 21세기 버전이다.

여연의 사과가 있은 뒤, 여성운동단체들이 모여 있는 건물인 여성미래센터에 어느 '막내 활동가'가 쓴 대자보 글이 붙었다. 그는 여성운동의 선배들을 원망하고 있었다. "과거의 죄 앞에서 발 빠르게 도망가기 바쁜 당신들이 놓고 간 것은 여성운동이었다. 당신들이 떠난 자리에 남아 있는 것은 당신들의 2차 가해로 인한 피해자들의 상처와 죽어버린 여성운동의 시체뿐이다." 그 '여성운동의 시체'가 묻힌 무덤 위에 세워진 것은 그렇게 피해 여성을 외면해 버린 '진영의 카르텔'이었다.

지금 우리가 말해야 할 것은 강남순 교수가 말한 '박원순과 함께 박원순을 넘어서 생각하기'가 아니다. 적어도 그 시간만은 '피해자와 함께 절망의 벽을 넘어서 생각하기'를 말할 때다. 고인에 대한 애도의 마음과는 별개로, 성추행은 인간의 삶을 파괴하는 몹쓸 범죄이고, 어렵게 용기를 내서 피해를 알린 여성에게 2차 가해를 하는 것은 야만적 폭력이며, 이 일에 관한 한 우리는 고통받는 피해자와 연대해야 하고, 힘들더라도 이 당연한 이야기를 당당하고 분명하게 말해야 한다. 거기서 우리는 다시 시작해야 한다. 고인에 대한 최고의 애도는 더는 이런 고통스러운 일이 없는 세상을 만들어가는 것이다.

좋은 보수가
좋은 진보를 만든다

보수정당은 왜 비호감이 되었는가?

2020년 4월 15일 총선을 앞두고 미래통합당 차명진 후보의 '세월호 막말'이 큰 파문을 불러일으켰다. 차명진은 한 토론회에서 "(세월호 유가족 텐트 내) 사건이라고 아시느냐"고 다른 후보들에게 물으면서 "지난 2018년 5월 세월호 자원봉사자와 세월호 유가족이 텐트 안에서 말로 표현할 수 없는 문란한 행위를 했다는 기사가 나온 것을 이미 알고 있다"고 말해 거센 논란에 휩싸였다.

미래통합당은 긴급하게 최고위원회의를 열고 차명진을 제명했지만, 법원이 그의 제명결의 효력 정지 가처분 신청을 받아들임으로써 후보 자격을 유지한 채 선거 완주를 하게 되었다. 차명진 말고도 미래통합당 후보 가운데 막말 논란을 불러일으켰던 사람은 여럿 있었는데, 이들의 막말은 미래통합당의 참패를 가져온 중요한 패인으로 꼽힌다.

차명진이 발언의 근거로 삼았다는 기사의 내용이 어디까지 사실인지 알 수는 없다. 하지만, 설혹 어느 정도의 사실을 담고 있었다고 하더라도 그것은 개인과 유가족의 문제이지, 공당의 후보가 방송 토론회에서 꺼낼 이야기는 전혀 아니었다. 그런 이야기를 꺼내 세월호 유가족 전체를 욕보이는 저의가 무엇이었는가? 야당이 여당과 싸우면 되는 것이지 왜 굳이 세월호 유가족들과 싸우려고 하는가? 더구나 다른 당 후보를 향해 그런 이야기를 꺼낼 이유가 무엇인지 이해하기 어려웠다. 자신이 발신한 혐오는 또 다른 혐오로 자신에게 돌아오게 되어 있다. 약자들을 향한 혐오의 언어는 그런 발화자를 혐오하는 수많은 사람을 낳게 된다.

보수정당에서 거친 막말을 하는 사람 중에 지금은 무소속으로 있는 홍준표 의원을 빼놓을 수 없다. 그의 거침없는 막말 행진은 자유한국당에 있던 시절에 유감없이 발휘되었다. "이대 계집애들 싫어한다. 꼴같잖은 게 대들어 패버리고 싶다.""지금 민주당 1등 하는 후보는 자기 대장이 뇌물 먹고 자살한 사람.""지지율이 낮게 나오도록 조작하는 여론조사 기관은 도둑놈 새끼들이다.""집권하면 SBS 8시뉴스를 없애버리겠다.""문재인 후보가 대통령이 되면 한국의 대통령은 김정은이 되는 것이다.""촛불 민심이라는 것은 광우병 때처럼 전교조, 민주노총 등 좌파 단체가 주동이 돼 선동한 민중혁명이 아니냐."

그러한 말들은 홍준표가 일상에서 하는 말인지는 모르겠지만, 그래도 공인에게 최소한의 품격을 요구하는 국민들에 대한 예의가 아니다. 그런 막말이 횡행해도 아무런 자정의 노력을 찾아볼 수 없고, 게다가 그런 사람들이 당대표가 되고 대통령 후보가 된다. 그러니 보수정당이 국민적 비호감의 대상이 되는 것은 피할 수 없는 일이다. 그것은 자신들이 만들어낸 저질 정치가 초래한 자업자득의 결과였다.

과거 독재정권 시절 보수정당을 상징했던 것이 이념적 색깔론의 이분법이었다면, 근래 들어 등장했던 상징은 막말이었다고 해도 과언이 아니다. 일찍이 루드비히 비트겐슈타인Ludwig Wittgenstein은 말했다. "내 언어의 한계는 내 세계의 한계를 의미한다." 마찬가지로 오늘 우리가 접하는 정치인들의 막말은 그들의 한계를 의미한다.

김종인 체제는 성공할 수 있을까?

막말 파문으로 스스로 몰락의 길을 택했던 보수정당이 김종인 비대위원장 체제로 들어갔고 당명도 '국민의힘'으로 바꾸었다. 김종인은 중도성 강화 노선을 선도하며 보수정당의 변화를 이끌어 왔다. 비대위가 출범할 때부터 김종인은 "진보, 보수라는 말 쓰지 말라. 중도라고도 하지 말라"면서 이념을 내걸지 않는 정당의 길을 제시했다. 그러면서 진보 세력의 전용 상품이다시피 했던 약자·불평등·비민주·불공정 같은 용어들을 전면에 내세웠다.

광주 5·18 묘역에 가서 "진실한 사죄를 드린다"며 무릎 꿇고 울먹이는 모습을 보이기도 했고, 이명박·박근혜 두 전직 대통령의 과오에 대해 당내 반발을 무릅쓰고 국민들에게 사죄하기도 했다. 극우 세력과 손잡는 장외 투쟁이 아니라 원내 투쟁을 고수한 것도 김종인의 영향이었다. 과거 극단적인 노선에 매달렸던 보수정당의 모습을 떠올리면 격세지감이라고 할 수 있다.

합리적인 노선으로 중도층의 지지를 얻으려는 김종인의 구상은 적지 않은 성과를 낳았고, 일방적인 열세였던 지지율은 민주당과 엎치락덮치락하는 정도로 팽팽해졌다. 과거 황교안 대표 시절이나 총선 참패 직후에 관심권 밖으로 밀려났던 국민의힘은 다시 2021년 4월 보궐선거를 앞두고 국민들의 관심을 모으고 있다.

그러나 막상 국민의힘이 보여준 변화는 아직 미약하고, 말의 성찬이 언행일치로 이어질지는 더 지켜보아야 할 일이다. 서울시장 보궐선거에 나선 국민의힘 후보들이 상승세를 타지 못하고 있는 것도 시민들의 유보적인 판단에 기인한 것으로 보인다. 김종인이라는 개인의 구두 약속이 곧 당의 지속가능한 약속일 수 없는 것이고, 국민들은 일시적인 구두선으로 끝날지 모른다는 의심을 여전히 버리지 못하고 있다. 민주당에 실망해 등을 돌린 중도층이 국민의힘을 지지하기에 여전히 주저하는 모습은 그 변화의 한계를 드러낸다. 당내 세력에 의해 뒷받침되지 못하는, 김종인 1인에 의한 변화라는 한계를 국민들은 알고 있다.

그렇다면 국민의힘이 국민으로 하여금 대안으로 인식되게 하는 길은 인적 쇄신을 통한 세력 교체에 있다. 과거 정치를 떠올리는 낡고 식상한 정치인들이 뒤로 물러서고 합리적인 사고와 정책을 가진 새로운 정치인들이 전면에 나서 당의 중심 세력이 되는 것만이 국민들의 지지를 받을 수 있는 길이다. 아무리 김종인이 좋은 말을 늘어놓는다 해도, 언제든지 과거 정치로 회귀할 정당으로 인식된다면 신뢰받기 어려울 것이다. 국민의힘이 불가역적인 변화를 이루어내는 일은 당내 세력 교체를 통해 진행되어야 한다.

태극기 부대와 절연할 수 있을까?

중도층의 지지를 받을 수 있는 합리적인 보수가 되기 위해 필수적인 것은 '아스팔트 보수'로 불리는 극우 세력과 절연이다. 합리성을 배제한 채 극단만 추구하는 보수는 과거 시대의 낡은 유물이다. 20세기 냉전시대에 시계가 멈춰져 있는 이념적 극우는 상식과 합리를 중시하는 국민들의 지지를 받을 수 없다.

자유한국당 시절 황교안 대표는 전광훈 등 극우 세력과 손잡는 노선을 택했다. 황교안은 청와대 앞에서 단식을 선언한 뒤 근처에서 집회 중이던 전광훈을 찾아가 그의 손을 잡고 함께 만세 삼창을 외쳤다. 태극기 부대가 폭력을 행사하며 국회의사당 입구를 점령한 사건이 발생했을 때, 황교안은 그들을 향해 "이미 승리한 겁니다. 이긴 겁니다. 자유가 이깁니다"라며 고무하고 격려하는 기가 막힌 모습을 보였다.

황교안의 그 같은 행보는 국회를 포기하고 장외 강경투쟁으로 끝장을 보려고 작심이라도 한 듯이 보였고, 결국 국민의 외면을 받았다. 아무리 문재인 정부와 민주당에 대해 민심이 돌아선들, 그런 야당에 표를 줄 국민은 많지 않다.

전광훈으로 대표되는 '아스팔트 보수'와 불가역적인 결별을 하는 것은 국민의힘의 변화가 진정성을 갖느냐를 가늠할 시금석이다. 코로나19 위기 속에서 국민의 우려를 무릅쓰고 강행되었던 광화문 집회에 대해 보수정당이 모호한 태도를 유지하다가 여론의 비판을 초래했던 것도 좋은 교훈이었다. 그런 점에서 볼 때 국민의 힘 주호영 원내대표가 김문수 전 경기지사 등 태극기 부대와 연석 회의를 갖고 그들과 손잡는 것은 위험천만한 일이고 변화의 진정성을 의심하게 한다. 그렇게 해서 얻을 보수표보다는 달아날 중도 표가 훨씬 많다는 사실을 생각해야 한다. 광화문 광장에 나간 2만 명을 잃을까봐 주저하다가 200만 명을 잃는 우를 범할 수 있다.

과거 야당 시절 김대중은 용공 음해의 올가미에서 벗어나기 위해 나중에는 재야운동과도 거리를 두기도 했다. 1992년 대선을 앞두고 '이선실 간첩단 사건'의 불똥이 혹여라도 튈까봐 당내 재야 출신 인사들은 가까이 오지도 못하게 했던 때가 있었다. 물론 재야 세력은 몹시 서운해했지만, 지나고 나서 보면 그렇게 치밀하고 정교한 득표 전략을 가졌기에 DJP연합까지 하면서 결국은 대선에서 승리할 수 있었다. 극단적인 보수와의 결별은 보수정당이 새로 태어나기 위한 대전제다.

보수의 명예와 지성

미국 보수주의의 부활을 가져온 것으로 평가받는 러셀 커크 Russell Kirk는 『보수의 정신』에서 개인이 독단적 이념에 빠질 위험을 경고한다. 그러면서 "보수주의자들은 광신적 이념의 독단이 아니라 정치의 일반적 규칙을 신뢰한다"고 강조한다. 19세기 존 스튜어트 밀은 "대부분의 어리석은 사람들은 보수주의자라는 것이 사실"이라고 했지만, 커크에게 보수주의는 명예로울 뿐 아니라 지성적으로도 존경받을 미국 전통의 핵심이었다. 그러나 그동안 한국의 보수가 보여주었던 민낯은 명예도 지성도 사라진 독단적 이념 그 자체였다.

어느 정치세력이 국민의 지지를 더 받느냐를 결정하는 것은 결국 '스윙 보터swing voter'라고 불리는 중도층이다. 중도층은 어떤 정당에 대해서도 고정적인 지지나 반대를 하지 않는다. 그때그때 상황에 따라 지지와 반대 정당을 결정한다. 그래서 정당들에는 가장 까다로운 존재이면서, 가장 긴장하게 만드는 층이다. 선거마다 승부를 가르는 열쇠를 쥐고 있는 중도층의 마음을 얻기 위해서는 합리성을 가진 정치를 하는 수밖에 없다.

어느 한 사람이 있고 없고에 따라 당이 달라지지 않으려면 국민의힘의 중심 세력이 교체되어야 한다. 과거 보수정당을 이끌었던 극단적 이념과 막말의 정치인들이 사라지고, 새롭고 합리적인 공감 능력을 가진 정치인들이 당의 중심 세력이 될 때 보수정당의 변화는 지속가능한 것이 될 수 있다. 문제는 그만한 정치적·정책적 능력을 가진 인물들이 당 안팎에서 얼마나 발굴되고 성장할 수 있을 것인가 하는 점이다.

그와 관련해 국민의힘 초선 의원인 윤희숙이 의정 활동에서 보여주고 있는 모습은 시사하는 바가 크다. 경제학자 출신인 윤희숙은 임대차 3법 통과에 항의하는 5분 연설, 국세청 세무조사 남용에 대한 지적, 부부 공동명의 때 종합부동산세를 더 내게 된다는 사실 등을 잇달아 제기했다. 그의 어법은 '좌파' 같은 이념적 용어를 사용하거나 목소리를 높이지 않으면서도 상대를 꼼짝하지 못하게 하는 능력을 보여주었다. 이념을 앞세우거나 거칠게 싸우지 않고도, 합리적인 논리로 국민의 공감을 얻을 수 있는 보수 정치의 가능성을 보여준 셈이다.

보수정당의 변화 여부를 관심 있게 지켜보는 것은 단지 그들만의 일이 아니기 때문이다. 나쁜 보수가 나쁜 진보를 만들고, 좋은 보수가 좋은 진보를 만든다. 보수가 형편없게 되어 국민적 혐오의 대상이 되니 진보는 긴장을 해제하고 거리낌 없이 하고 싶은 대로 하는 것을 보아왔다. 서로가 긴장해서, 우리가 잘못하면 저쪽에 정권을 넘겨줄 수 있다는 위기의식을 항상 가져야 좋은 정치가 가능해진다.

국민의힘이 보여주고 있는 모습이 진정성 있는 변화가 될지, 아니면 위기 모면을 위한 '쇼'가 될지 아직은 알 수 없다. 쉽게 환호할 일도, 쉽게 폄하할 일도 아니다. 쇼가 될 것 같으면 비판하고, 진정성이 보이면 격려하는 것이 좋은 정치를 만드는 시민들의 태도다.

중도층은
살아 있다

중도층은 생명을 다한 것일까?

"중도층을 끌어낼 매력을 충분히 보여주지 못했다." 2020년 총선 개표 방송 당시 미래통합당 공동선대위원장 박형준이 말한 패인이었다. 민주당의 역대급 압승을 가져온 총선의 승패 역시 중도층의 선택이 만들어낸 것을 말해준다. 2016년 총선 때와는 달리 '중도'를 경쟁하듯 외치는 목소리는 잦아든 선거였지만, 중도층은 그렇게 조용히 선거의 승부를 좌우하는 힘을 보여주었다.

사실 2020년 총선에서 중도 정치세력은 몰락했다. 중도정당을 표방했던 국민의당은 3석뿐인 소수정당 신세가 되었고, 엇비슷하게 중도개혁정당을 표방했던 민생당은 아예 당선자를 내지 못해 원외정당이 되고 말았다. 4년 전 총선 때 국민의당이 38석의 약진을 거두며 기염을 토했던 중도의 깃발은 초라한 모습으로 내려졌다. 이제 한국 정치에서 중도는 생명을 다한 것일까?

선거 과정을 돌아보면 중도층 표심을 얻기 위한 정당들의 경쟁은 변함없이 치열했다. 총선에서 어느 정당도 지지하지 않는 무당파층 비율은 선거전에 들어가기까지만 해도 30퍼센트가량으로 높은 수치를 보였다. 그랬기에 중도층 지지를 얻으려는 민주당과 미래통합당의 경쟁은 더욱 치열해졌다. 조국 사태를 거치며 민심의 이반을 경험했던 민주당은 상당한 긴장감을 가지고 선거에 임했다. 정권 관련 검찰 수사와 여당발 검찰 압박의 대치 상황이 부각되는 것도 민주당에는 부담이었다.

하지만 예방주사를 미리 맞은 민주당의 경험은 선거전에서 중도층의 정서에 어긋나는 언행을 각별히 조심하며 다가가는 전화위복이 되었다. 게다가 코로나19 위기에 따른 국난 극복 메시지는 중도층으로 하여금 이럴 때 정부와 여당에 힘을 실어줄 필요가 있다는 정서를 만드는 데 주효했다. 총선에서 민주당이 거둔 압승은 중도층의 지지를 얻는 데 성공한 결과였다.

중도층이 등 돌린 보수정당

당초 정권심판론을 내걸었던 미래통합당도 공천 과정에서 중도층을 의식한 노선과 인물을 택하기는 했다. 그러나 정작 본게임에 들어가서는 막말 퍼레이드와 코로나19 방역에 대한 '반대를 위한 반대'처럼 비상식적인 모습을 보여 중도층의 등을 돌리게 만들었다.

조지 레이코프Grorge Lakoff는 『프레임 전쟁』에서 미국의 진보 세력이 선거에서 실패하는 이유를 프레임의 부재와 실패에서 찾고, 도덕성과 진정성을 무기로 프레임을 재정비하라고 조언하면서 이렇게 말했다. "진보 진영 후보자는 중도 세력을 끌어들이기 위해 흔히 약간 오른쪽으로 이동한다. 그러나 그것은 진정성을 잃는 것이며, 유권자들이 모를 리 없다."

조지 레이코프의 지적은 한국에서는 정반대로 보수 진영에 해당하는 말이 되어버렸다. 중도층은 보수정당이 내놓은 선거용 전시품들에 넘어가지 않고 그들의 근본을 보고 등을 돌린 것이다. 미래통합당은 진정성 없는 프레임 전쟁에서 패한 것이다.

그렇게 보면 2020년 총선에서 미래통합당에 등을 돌리고 민주당을 선택한 중도층은 각자가 합리적인 선택을 한 것이라고 할 수 있다. 몰상식한 행태를 보였던 보수 야당에 중도층은 자신들이 갖고 있는 힘을 보여준 셈이다. 앞으로도 중도층은 참패한 보수 야당은 물론이고 공룡이 된 여당에도 긴장을 내려놓지 못하게 하는 역할을 하게 될 것이다. 2020년 총선에서는 여당을 지지했지만, 이들이 오만과 무능력을 보여 실망을 안겨줄 경우 언제든지 지지를 철회하고 다른 대안을 찾을 것이기 때문이다.

승부를 가르는 스윙 보터

2020년 총선에서 정당별 득표율은 민주당 49.9퍼센트, 미래통합당 41.5퍼센트였다. 180대 103이라는 의석수 차이에 비하면 득표율 차이가 그렇게 압도적인 것은 아니다. 유권자의 절대다수가 민주당을 지지한 것처럼 생각되는 것은 소선거구제가 낳은 착시 효과라고 할 수 있다. 선거 중반 이후 중도층이 대거 민주당을 지지하지 않았다면, 승부는 다른 양상으로 나타났을 것이다. 중도층의 태도 변화에 따라 언제든지 승자와 패자가 뒤바뀔 수도 있었다. 그러니 중도층은 선거를 좌우하는 힘을 변함없이 갖고 있었다.

2020년 총선에서 역설적인 것은 중도를 표방했던 정당들이 정작 중도층의 외면을 받았다는 것이다. 여야의 두 거대 정당을 지지하지 않고 부동층으로 남아 있던 유권자들이 중도정당들을 대안으로 받아들이지 않았다는 사실은 국민의당이나 민생당에는 뼈아픈 일이었다. 그러나 따지고 보면 중도를 표방했던 정당들의 몰락은 자업자득의 결과였다. 거대 기득권에 맞서 싸우겠다던 그들의 약속은 자신들의 '작은 기득권'을 둘러싼 파쟁派爭으로 변질되었다.

국민들은 2016년 총선에서 중도정당에 힘을 실어주었지만, 그들은 엉뚱한 모습을 보이며 분열하다가 스스로 몰락하는 길로 들어갔다. 새로운 것은 아무것도 없었고, 그들은 결코 중도층이 신뢰할 만한 대안이 될 수 없었던 것이다.

그러나 중도정당을 표방한 정당이 몰락했다고 중도층이 사라진 것은 아니다. 흔히 중도층을 가리켜 정치에 무관심한 층이라고 한다. 일관된 판단 없이 왔다 갔다 하는 층이라고 비하하는 시선도 있다. 그러나 한국 정치에서 중도층의 역할은 대단히 크고 중요하다. 중도층은 특정 정당의 울타리 안에 들어가 있지 않다. 이들은 자신을 어느 한편으로 고정시켜놓지 않고 그때그때 선택을 달리하기에 정당들로서는 이들을 각별히 신경 쓰지 않을 수 없다.

어떤 선거든 집토끼의 지지만으로는 이길 수 없고, 산토끼의 지지까지 얻어야 이길 수 있다. 그런 중도층이 있기에 정당들은 긴장하며 경쟁을 벌이게 된다. 미래통합당의 총선 참패는 중도층을 완전히 등 돌리게 만든 정당이 얼마나 혹독하게 심판을 받는지를 생생하게 보여준다.

2020년 총선에서 여당은 거대 공룡 정당이 되었다. 그렇다고 '우리 민주당 하고 싶은 것 다 해!'라며 승자에게 모든 것을 맡겨놓는 것이 민주주의는 아닐 것이다. 이런 환경에서 실질적인 견제를 할 수 있는 것이 중도층이다. 진영에 따라 판단하는 것이 아니라, 사안에 따라 시시비비를 가리며 합리적인 판단을 한다. 중도층은 영원한 지지도 영원한 반대도 하지 않는다. 중도층이 야당을 무참하게 참패시켰듯이, 여당도 잘하지 못하면 그들의 심판의 대상이 된다. 중도층은 선거의 승부를 좌우하는 영원한 스윙 보터다. 중도층은 살아 있다.

제5부

7080년대생의
정치를
기다린다

"오래된 것은 죽어가고 있으나
새로운 것은 아직 탄생하지 못했다."

★★★ 안토니오 그람시Antonio Gramsci

20대에게 민주화 세대는
무엇일까?

진영 논리에 갇힌 민주화 세대

한국 사회는 여전히 많은 정치적 갈등을 겪고 있다. 분단 이후 한국 사회의 정치적 갈등 구조는 좌·우 혹은 진보·보수라는 이념적 대치로 압축되어왔다. 세계적으로 냉전 질서가 해체되어 탈이념의 시대가 전개되었지만, 유독 한국의 정치만은 냉전적 대결 구도가 21세기 들어서도 지속되었다. 특히 보수 정치세력의 전가의 보도와 같았던 색깔론은 좀처럼 청산되지 않은 구시대의 유물이다.

어떤 이념도 유한한 법이다. 변화하는 시대의 환경은 그러한 이념적 색깔론이 더는 설 자리를 허락하지 않았다. 성숙한 시민들은 색깔론을 들고 나오는 정치세력을 선거를 통해 심판했고, 냉전론의 마지막 후예들은 점차 소멸될 위기를 맞게 되었다. 2017년 촛불 시민혁명의 성과는 우리가 분열의 시대를 넘어 민주주의와 공화주의라는 시대정신으로 단합할 수 있는 가능성을 보여주었다.

그러나 문재인 정부 들어 전개된 상황은 우리의 기대와는 정반대로 질주했다. 왼쪽과 오른쪽으로 양분되었던 한국 정치의 갈등구도는 여러 갈래로 쪼개졌다. 그 같은 상황을 만드는 데 결정적으로 작용했던 것은 조국 사태였다. 문재인 정부를 지지했던 지지층의 균열은 조국 사태에서 시작되었다. 조국 일가가 입시 비리라는 불공정 위법행위를 저지른 것이냐, 아니면 검찰이 조국 일가에 부당한 박해를 가한 것이냐를 둘러싸고 분열과 갈등의 소용돌이에 휘말리게 되었다. 과거 진보와 보수의 갈등과 반목은 저리 가라 할 정도의 유례없는 대분열이 초래된 것이다.

그 과정에서 문재인 정부에 등을 돌린 대표적인 사람이 20대들이다. 20대는 문재인 대통령의 당선 때만 하더라도 3040세대와 함께 주된 지지층이었다. 그런데 최근 여론조사에서는 보수적 성향이 강한 60대 이상과 마찬가지로 지지율이 20퍼센트대로 하락했다. 조국 사태 이래로 계속되어왔던 각종 불공정 시비가 누적되면서 문재인 정부에 대한 이들의 반감 또한 쌓여왔던 것이다.

조국 사태부터 박원순의 죽음, 추미애와 윤석열의 갈등에 이르기까지 많은 사건을 거치면서 기성세대들은 모든 것을 진영 논리에 따라 판단했다. 그러니 남은 것은 진영이었고, 사라진 것은 사람이었다. 그러자 20대들은 이의를 제기하고 나섰다. 어째서 같은 진영이나 같은 편이라고 해서 자기들끼리 그토록 감싸주고 있는가?

세대 간의 차이는 역사적 경험의 차이에서 비롯된다. 지난 역사의 경험을 공유한 사람들끼리는 동질적인 의식을 갖게 되기에 세대론이 존재하게 된다. 586이라는 용어로 상징되던 중장년 기성세대는 민주화를 이끌었던 역사적 경험을 공유하고 있다. 최루탄을 맞으며 직접 투쟁을 했든, 아니면 멀찌감치 그 광경을 지켜보며 박수를 쳤든, 독재권력을 무너뜨리고 민주화를 성취했다는 자부심은 이들 세대의 삶을 뒷받침해주는 한 축이기도 했다. 그래서 이들 세대에는 '우리는 공공의 선을 위해 노력했던 사람들'이라는 집단의식이 자리하고 있다.

조국 일가가 겪은 일견 모진 수사에 분노하며 억울한 누명을 뒤집어씌웠다고 믿는 서초동 촛불들의 모습이 그러했다. 박원순이 '그런 짓을 할 사람이 아니다'며 뭔가 억울한 상황에 내몰렸을 것이라고 믿었던 추모의 열기 또한 그러했다. 조국이든 박원순이든, 논란의 당사자들을 부정하면 자신의 삶을 부정하는 것 같은 동질적인 의식을 이 세대는 갖고 있었다. 그래서 차마 그 사실을 인정하고 마음속으로 받아들이지 못한다. 게다가 서로가 너무 많이 얽히고설켜 인간적 의리를 저버리지 못한다. 그러다 보니 젊은이들에게 상처를 주고, 피해 여성에게 2차 가해를 했던 것이다.

불공정 문제를 제기하는 20대

그러나 20대는 기성세대의 이와 같은 이율배반적 태도를 이해할 수 없다. 이들에게 중요한 것은 과거의 평판과 업적이 아니라, 오늘의 그가 저지른 잘못이다. 이들은 이 사건을 '젊은이들의 가슴에 상처를 준 불공정 행위'였고, '서울시장이라는 권력에 의한 성추행'이었을 뿐이라고 생각한다.

20대는 기성세대와 역사적 경험을 공유하는 지점이 얼마 되지 않는다. 이들은 586세대와는 달리 민주화 운동의 경험에 따른 정서를 갖고 있지 않다. 또한 3040세대와는 달리 노무현에 대한 특별한 향수를 갖고 있지 않다. 이는 역사의식의 부재라는 약점을 낳을 수도 있지만, 어느 세대보다도 독립적이고 객관적일 수 있는 강점이기도 하다.

논란의 당사자들과 얽히고설킬 것도 없어 거리를 두고 있는 세대이기에 냉정하게 객관성을 유지하게 된다. 일면만 보고 극단적인 판단을 내리거나 자기 세대의 이익만 우선하는 이기주의에 갇힐 위험은 있지만, 다른 세대처럼 사실을 외면하고 덮으려 할 이유는 없다. 진영이나 연줄에도 구속되지 않고, 자유로운 상태에서 사실에 다가갈 조건을 갖추고 있는 세대일 수 있다.

문재인 정부를 바라보는 이들의 시선은 그래서 변화된 것이다. 조국 사태, 정의연 논란, 인국공(인천국제공항공사) 사태 등에서 대두된 불공정 시비와 주거 사다리를 걷어차 내 집 마련의 꿈을 사라지게 만든 부동산 정책에 대한 반발이 쌓여 지지를 철회한 것이다.

20대는 특정 진영에 고정되어 있지 않은 무당파적 특성을 상대적으로 많이 갖고 있다. 그래서 어떤 정권이나 정당에 대해서든 상황에 따라 지지하기도 하고, 반대하기도 한다. 이들은 '아무리 잘못하고 마음에 들지 않아도 보수 야당 좋은 일 시킬 수는 없지 않냐'며 문재인 정부를 지켜주자는 민주화 세대의 말에 공감하지 않는다. 이들의 눈에는 문재인 정부가 보수 야당보다 반드시 '착한 권력'이라는 증거가 보이지 않기 때문이다. 20대는 착하다는 증거를 과거 역사 속에서 찾으려 하지 않고 오늘의 모습에서 찾기에 그러하다.

시대정신을 말해왔던 민주화 세대이건만, 20대의 눈에 비친 그들은 '시대'도 '정신'도 놓아버린 채 자기들만의 진영에서 사는 사람들이 되어버린 것이다. 한 시대를 이끌어 오늘의 민주화를 만들었다는 세대이건만, 어느덧 자식뻘 되는 세대에서 꼰대 소리를 듣는 처지가 되어버렸다.

민주화 세대는 '라떼는 말이야'라는 말로 대변되는 신념을 따를 것을 요구하고 있다. 반면 노력한 만큼 보상받게 해달라며 20대들은 불공정의 문제를 제기한다. 그런 20대들에게 민주당 의원 김두관은 "정규직이 됐다고 비정규직보다 2배가량 임금을 더 받는 게 오히려 불공정"이라는 초점이 전혀 빗나간 훈계를 하고 있었다.

새로운 것 대 낡은 것

민주화 세대가 20대를 상대로 벌이고 있는 싸움은 결국 자신들의 자랑스러운 과거를 인정해달라는 '인정투쟁'이다. 이들은 말한다. '우리는 그렇게 살지 않았다. 우리는 그런 짓을 할 사람이 아니다.' 그러나 세상에 그런 짓을 하지 않으리라 보증할 수 있는 사람은 아무도 없다.

누구나 '기게스의 반지'를 끼고 나면 나쁜 마음을 먹을 수 있다는 것을 20대는 눈으로 보면서 알았다. 내로남불의 이중 잣대도 지겨울 만큼 지켜보았다. 자신들의 경험을 절대화하는 기성세대의 말을 듣지 않고, 자신들이 직접 보고 들은 경험에 따라 판단하는 20대는 기성세대보다 훨씬 합리적이다.

586세대의 많은 사람이 그러했듯이, 나 또한 민주화를 위해 함께했던 일원이었음에 자부심을 갖고 살아왔다. 그런데 언제부터인가 세상에서 벌어지는 광경을 보면서 평생 가져왔던 그 자부심이 무너지는 것을 느끼기 시작했다. 욕하면서 닮아버린 내로남불의 모습, 옳고 그름을 가리기에 앞서 누구 편인지부터 따지는 모습, 젊은 세대가 받고 있는 상처를 이해하고 껴안기보다는 훈계부터 하는 모습을 지켜보았다. 그리고 우리 세대가 정녕 역사를 위해 자신을 던졌던 그 세대가 맞을까 하는 의문을 품게 되었다. 자신들의 소중했던 과거를 지키기 위해 우리 자식들이기도 한 미래 세대와 말도 안 되는 싸움을 벌이는, 이제는 기득권 세력이 되어버린 것이다.

민주화 세대는 자신들의 과거를 지키려 하고 있고, 20대는 자신들의 미래를 걱정하고 있다. 새로웠던 것이 어느새 낡은 것이 되었고, 다시 새로운 것에 의해 거부당하고 있다. 역사의 눈을 갖고 보면 하나도 이상할 것 없는 순리다. 그렇다면 더는 욕심 부리지 말고 기꺼이 다음 세대에 자리를 내주는 것이 옳다.

이 세대 교체는 생물학적인 나이를 넘어 민주화 세대가 갇혀 있던 낡은 사고를 넘어서는 역사적 의미를 갖는다. 이제 우리가 대면하고 있는 것은 '진영 대 진영'의 문제가 아닌, '새로운 것 대 낡은 것'의 문제임이 드러났다. 586세대가 한곳에 너무 오래 머물렀음을 이제는 알게 되었다.

7080년대생의 정치에
건투를 빈다

586세대의 정치적 장기 집권

1970년대 초반 김영삼과 김대중이 경쟁을 벌였을 때 나이가 각기 44세와 45세였다. 당시 양김이 내걸고 나온 '40대 기수론'은 야당의 세대 교체와 체질 개선을 이루는 계기가 되었다. 그 젊은 나이에 1971년 대통령 선거에서 박정희와 한판 승부를 벌인 김대중이 탄생했고, 야당의 반독재 투쟁을 이끈 김영삼이 탄생했다. 그로부터 반세기의 세월이 지난 오늘날 한국 정치의 세대 교체는 멎어버렸다. 이른바 산업화 세대의 시대를 거쳐 민주화 세대의 시대가 도래한 지 오래건만, 그 이후로는 변화가 지체되고 있다.

한국 정치의 지체 현상을 상징하는 것이 어느덧 50대가 된 586세 대다. 청년 시절에는 386이라 불렸고, 이제는 586으로 불리는 민주화 세대의 정치권 진입은 2000년대 초 당시 야당을 이끌던 김대중에 의해 물꼬가 트였다. 정권 교체를 노리던 김대중은 '젊은 피'의 수혈을 통해 노장청老壯靑의 조화를 이루는 균형적 집권 전략을 추구했고, 그 수혜자가 586세대다.

그렇게 정치권에 진출했던 586세대는 특히 문재인 정부에서 중용되어 명실공히 정권의 중추적인 역할을 담당했다. 청와대도 민주당도 모두 586세대들이 중심 세력이 되는 체제가 들어섰다. 독재정권의 시대를 끝내고 민주화가 시대정신이었던 지난 시기, 민주화 투쟁을 이끌었던 586세대가 한국 정치의 중심에 서는 것은 한 번은 거쳤어야 할 과정이었다. 그들이 갖고 있던 한국 사회에 대한 변화와 개혁의 열망을 정치를 통해 실현하려는 시도는 새로운 것이었고 또한 의미 있는 일이었다.

하지만 어떤 시대정신도 그 시대 환경의 변화에 맞춰 변화하게 되는 법이다. 민주화라는 시대정신만으로는 더는 감당하기 어려운 복잡한 사회가 빠르게 도래했다. 그 사회는 이념적 선명성보다는 현실적 실용성을, 과거의 훈장보다는 미래를 감당할 능력을 요구했다. 그러나 586세대는 그 준비가 되어 있지 못했고, 새로운 시대를 이끌어갈 능력과 리더십을 보여주지 못했다.

여전히 세상을 왼쪽과 오른쪽으로 단순화해 바라보는 관념 속에서 이들은 새롭지 못한 세대가 되고 말았다. 586세대가 정치를 시작한 지 20년의 세월이 지난 오늘, 그들이 이룬 것도 많지만 실패한 것도 많다. 어느 세대의 정치도 다 그러하겠지만, 그들의 정치에도 명암은 있었으니 있는 그대로 평가를 받을 일이다. 그런데 문제는 586세대의 시대가 너무 길어졌고, 그에 따라 한국 정치의 변화가 지체되고 있다.

제21대 국회의원 선거(지역구 253석)에서 50대인 586세대는 전체 당선자의 절반을 훌쩍 넘는 62.1퍼센트(157석)나 되었다. 산업화 세대가 50대였던 제15대 국회(56.1퍼센트, 142석) 이래 최대치다. 그리고 지역구 국회의원 50대의 10명 중 7명은 민주당 소속이다. 이에 비해 70년대생인 40대는 11.1퍼센트(28명)에 그친다. 제18대와 제19대 국회에서 40대 당선자 비중이 각각 31퍼센트와 26.8퍼센트였음을 감안하면 제21대 국회에서 40대의 비중은 크게 줄어든 것이다.

물론 연령별 인구 구조로 보아도 586세대는 과도하게 대표되고 있음이 나타난다. 2020년 11월 기준으로 50대 인구는 전체 인구의 17퍼센트, 40대 인구는 16퍼센트다. 하지만 국회의원 지역구 당선자 수에서는 50대가 40대보다 6배 가까이 많다. 『한겨레21』 김규남 기자는 그 이유를 "지역구 후보 공천은 지도부와 당의 중심 세력 영향력 아래에 있고, 지역구 당선자 수치에는 정당 내부 권력 관계가 반영되어 있"기 때문이라고 했다.

586세대에 예속된 7080년대생

이렇게 586세대가 권력을 독과점하는 정치 구조가 장기간 유지되는 이유는 무엇일까? 물론 이들은 민주화의 터널을 함께 헤쳐왔다는 이념적 동질성을 공유하고 있다. 그러한 동지의식은 이들의 집단적 관계를 공고하게 유지시켜준 접착제였다. 그런데 586세대에는 그 이상의 강한 결속력이 발견된다. 다른 세대 정치인들은 정치사회적 환경이 크게 달라지면 집단적 동질성도 많이 이완되거나 해체되는 데 반해, 586세대는 민주화라는 시대정신이 과거의 것이 되었음에도 강한 응집력을 유지하고 있다.

그러한 특징은 586세대 내부에 존재하는 끈끈한 연결망에 기인한 바 크다. 과거 학생운동과 민주화 운동 과정에서 인연을 맺어왔던 586세대들은 자신들의 강고한 인적 네트워크를 구축하며 서로가 서로를 밀어주고 끌어주고 챙겨주는 공생의 관계를 유지해왔다. 청와대와 정부 혹은 산하기관의 인사에서, 당의 인사와 공천에서, 이들은 서로를 챙겨주면서 강한 결속력을 갖는 정치적 집단으로 자리해왔다.

처음에는 민주화 운동 시절의 이념적 동질성으로 시작했던 이들의 관계는 점차 정치적 동질성으로 변화하는 모습을 보였고, 그럴수록 더욱 강고한 결속력을 다지게 되었다. 50대 사이에서 자연스럽게 불리는 '형'이라는 호칭은 586세대들이 갖고 있는 인연의 정서를 잘 드러내주는 표현이다.

이들은 조국 사태나 추미애와 윤석열의 갈등 같은 국면에서 민심의 요구가 아닌, 자신들이 속해 있는 권력의 시선으로 모든 문제를 바라보고 행동했다. 과거 민주화 운동 시절 권력에 의한 불편부당한 통치에 맞서 싸웠던 이들이었지만, 자신들이 권력이 된 상황에서는 권력 실세의 비리를 엄호하고 초법적인 힘의 통치를 옹호하게 되었다. 추미애의 난폭한 행위들로 민심이 등을 돌리는 상황에서 586세대가 보여준 것은 내로남불이라는 권력의 속성이었다. 강준만 교수는 『싸가지 없는 정치』에서 '한술 더 뜨는' 586 의원들을 이렇게 비판했다.

"나는 심정적으론 이런 일련의 비판이 586 의원들에게 부당한 것일 수 있다고 말하고 싶지만, 이성적으론 그럴 수 없는 게 안타깝다. 그간 '왜 말을 저렇게 싸가지 없게 하지?'와 같은 의문을 불러일으키는 독설이나 실언을 한 주인공들은 대부분 586 의원들이었으니 말이다. 586이 아니거나 운동 경력이 없는 의원들까지 '실세 586'과 열성 지지자들의 '눈도장'을 받겠다는 것인지 한술 더 뜨는 경우도 적지 않다. 그렇지 않은 586 의원들로선 좀 억울하게 생각할 점도 있겠지만, 잠자코 침묵을 지켰다는 점에서 면책되기 어렵다. 진정한 '황혼의 잔치'를 하고 싶다면 역사에 어떻게 기록될 것인가 하는 점도 염두에 두어야 하겠건만, 전혀 그렇게 할 뜻이 없는 것 같으니 이 또한 민주화 운동 시절의 살신성인殺身成仁이라 해야 할 것인가?"

586세대들은 자기 진영과 다른 목소리를 내려 하지 않았다. 이들은 어느 사이에, 자기들이 속한 진영의 공동 이익을 지키기 위해 서로가 서로를 덮어주고 지켜주는 기득권이 되어버렸다. 어느덧 586세대는 결코 스스로 물러나지 않는 정치세력이 된 것이다.

이들의 정치적 장기 집권이 가능했던 이유는 포스트 586세대가 성장해 이들을 자연스럽게 밀어내는 기회가 없었기 때문이기도 하다. 586세대의 뒤를 이은 후배 세대는 세대 교체의 포부를 갖지 못한 채 대부분 586세대들을 추종하는 그들의 심복이 되고 말았다. 이철승 교수는 『불평등의 세대』에서 586세대라는 '시민군대의 장교들'에 대한 '지지 기반'은 바로 아래의 1970년대와 1980년대 출생 세대들에서 발견된다며, 그들이 586세대에 '변치 않는' 지지를 보낸 이유를 이렇게 설명한다.

"1970년대생들은 마치 1940년대생들이 (1930년대생들에게) 그러했듯이, 386세대의 지도를 충실히 따랐다. 1980년대생들에게까지도 이들의 지도력은 상당히 견고하게 유지되었다. 1970년대 전반 출생 세대들이 386세대가 주도해온 진보·개혁 정치에 보이는 일관된 지지도는 대학 시절 이들에게 받은 영향, 1997년 금융 위기의 충격, 30대에 진입하며 겪은 진보 정치의 부상과 노무현이라는 리더에 대한 일체감 등 많은 요인이 있을 것이다. 중요한 것은 3김이 이미 30대 혹은 40대에 조직의 리더를 자임하며 반란을 일으켰듯이, 386세대도 한국 사회의 모든 (정치 및 시민사회) 조직에서 반란을 일으켰고 이들의 후배들은 그 반란에 충실히 따르며 '시민 군대의 말단 보병'으로서의 임무를 충실히 수행했다는 점이다."

이렇게 7080년대생들은 586세대들의 뒤를 쫓으며 그들의 정치적 하청 일을 하는 보조자로 자신들을 가두었다. 세대론적 관점에서 보았을 때 7080년대생들은 홀로서기를 통해 독립적 정치인이 되려는 노력을 포기한 채 586세대 속으로 편입되고 말았다. 7080년대생 정치인들조차 청년 세대와의 중간 다리 역할을 하지 못한 채, 폐쇄적인 진영 논리를 답습하는 까닭이 여기에 있다.

조국에 대한 사랑이 넘치고 윤석열에 대한 증오가 넘친 나머지 입을 열 때마다 논란거리를 낳다시피 했던 김남국이나 김용민 같은 정치인들도 7080년대생이다. 그렇게 한국 정치에서 7080년대생들은 새로운 시대의 맏형이 되는 길을 주저하고, 낡은 시대의 막내가 되도록 자기 자신을 가두어버렸다.

7080년대생의 정치적 독립

물론 '포스트 586'을 염두에 둔 정치인들이 없었던 것은 아니다. 적어도 청년 정치는 구호로는 요란했다. 제21대 국회도 30대와 40대가 주축이 된 젊은 정치를 표방하고 있다. 그럼에도 그들의 정치적 사고는 대부분 독립적이지 못하다. 나이는 젊지만, 그들이 사고와 가치에서 586세대와 무엇이 다른지는 좀처럼 알 수 없다. 종종 586세대의 생각과 행동을 그대로 빼닮은 모습을 보이기도 한다. 그러면서 이들 역시 자신이 속한 권력에 다른 목소리를 내지 않고 주류의 목소리에 가세하는 역할을 한다. 자기 세대의 정치적 소명보다는 생존의 기술부터 익힌 탓이다.

이들은 진영의 일원으로서 충성도를 확고히 보여야 지지자들에게서 환호를 받고 권력의 총애를 받는다는 노회한 생존법을 너무도 일찍 터득해버렸다. 정권은 그런 이들을 귀하게 여기며 중용하기도 했으니 말이다. 그러니 우리에게 남은 것은 진영에 충성하는 정치요, 우리가 잃은 것은 과거 세대에서 독립하는 정치였다.

그나마 위안이 되는 것은 독립적인 정치를 하려는 젊은 정치인들이 존재한다는 사실이다. 자신의 소신을 굽히지 않으며 기꺼이 '이단자'가 되는 젊은 정치인이 그들이다. 진보정당인 정의당에서 당론에 구애받지 않고 자기 소신에 따라 행동하는 모습을 종종 보였던 장혜영 의원은 요즘 정치 현실에서는 무척 보기 드문 사례다.

장혜영은 박원순에 대한 조문을 거부한다는 입장을 밝혀 당 지도부와 갈등을 빚는가 하면, "야당의 비토권을 무력화하는 공수처법 개정안은 최초의 준법자는 입법자인 국회여야 한다는 민주주의의 원칙을 훼손"하는 것이라며 공수처법 개정에 대한 찬성 당론과는 달리 기권을 했다. 청년 국회의원의 그 같은 소신 행동을 불편해하는 사람은 물론 많다. 민주당 지지자들은 장혜영을 향해 돌팔매질을 한다. 그러나 586세대 이후의 정치를 책임져야 할 다음 세대 정치인이라면 익숙했던 것과 결별하고 불편함을 감수하는 용기가 필요한 것 아닐까?

나는 특별히 진보정당의 지지자는 아니기에 장혜영이 생각하는 정책들에 대해 동의하지 않을 내용도 적지 않다. 하지만 그에 상관없이 자기 세대의 정치적 독립을 선언하는 그의 모습은 보기 좋고 신선하다. 장혜영 말고도 당의 분위기에 휩쓸리지 않고 자기 소신과 정책적 판단에 따라 독립적인 목소리를 내는 정치인들이 있다. 진보정당에도 있고 보수정당에도 있고 소수정당에도 있다. 자기가 속해 있는 곳이 어디든, 기존 정치 질서에 예속되지 않고 독립하는 정치인들이 늘어날 때 한국 정치가 좋아질 수 있다.

다만 유감스러운 것은 집권 여당인 민주당에서는 이 같은 반열에서 오를 수 있는 젊은 정치인을 찾기가 쉽지 않다. '원팀'의 구호가 워낙 강력하게 당을 지배하고 있기 때문이다. 언제부터인가 민주당에서는 유난히도 원팀의 구호가 넘친다. 그런데 민주주의를 하겠다는 정당에서 이 원팀의 논리는 대단히 무서운 것이다. 다른 의견을 말하지 말라는 의미이기 때문이다. 원팀의 구호는 다른 목소리를 허용하지 않고 하나의 목소리로 단결할 것을 강압한다. 그러니 전체주의적 정당 문화가 굳어지는 것이다. 민주당에서도 원팀의 요구를 넘어서는 젊은 정치인을 볼 수 있기를 바란다.

포스트 코로나 시대의 젊은 정치

물론 정치의 변화가 세대 교체만으로 보장되는 것은 아니다. 세대라는 연령적 구분이 낡은 것과 새로운 것의 구분을 보장할 수는 없다. 젊은 세대라 하더라도 낡은 가치와 행태에 갇혀 있는 한, 굳이 7080년대생임을 표방하는 것은 아무런 의미가 없다. 그런 점에서 정치에서 세대론을 부정하는 주장은 일면 일리가 있기도 하다. 그렇지만 내가 세대론이 유효하다고 말하는 것은 역사적 경험의 공유에서 나오는 집단의식이 개인의 의식에 큰 영향을 미치고 있기 때문이다. 586세대가 문재인 정부의 최대 지지 기반이었다는 것도 그런 이유였을 것이다.

그런 점에서 코로나19 시대의 7080년대생들의 경험은 적과 동지를 가르며 정치적 대결에만 갇혔던 기존 정치와는 다른 역사적 경험을 제공할 수 있다. 코로나19 시대가 우리에게 던져준 질문은 '어떻게 지속가능한 삶을 만들 것인가?'라는 것이다. 전 세계를 덮친 코로나19의 위기 속에서 수많은 사람의 삶이 벼랑 끝으로 내몰렸다. 그런데 코로나19의 고통은 불평등해서 약자일수록 고통의 깊이는 더했다. 약자들의 삶을 보호하기 위한 사회적 합의가 정치를 통해 찾아지지 못한다면, 한국 사회는 지탱되지 못하고 붕괴될 수 있을 정도로 그 수렁은 깊어 보인다.

사회 구성원들의 공생과 동행의 과제는 약자들의 문제를 우선하는 진보 정치만의 의제가 아니고, 보수 정치와 중도 정치에도 해당되는 이야기다. 위기에 처한 사회 구성원들의 삶을 보호하는 데 진보와 보수의 차이가 있을 수 없다. 그런 점에서 코로나19 시대는 서로 다른 이념을 가졌던 정치가 의제의 공유를 통해 합의를 모색하는 정치 본연의 연대 기능을 강화할 가능성을 열어준 셈이다. 7080년대생들이 그 가능성을 현실로 만들어나갈 책임이 있다. 그들이 진보·보수·중도의 정치가 등을 돌리지 않고 서로의 철학을 존중하며 공존과 합의를 모색해가는 정치를 보여주기를 소망한다.

586세대는 '민주 대 독재'의 이분법적 사고 속에서 성장해왔기에 다분히 이념화된 의제들이 그들의 절대적 가치였다. 그러나 7080년대생들은 그들에 비해 훨씬 다양하고 개방적인 사고를 가질 수 있는 환경에서 성장해왔다. 열린 사고는 이들 시대가 가질 수 있는 크나큰 강점이다. 하나의 가치에만 매몰되지 않고 다양한 가치를 존중하는 공존의 지혜를 가질 수 있다.

빠르게 변화하는 이 시대에 화석화된 이념이나 가치만을 부여 잡고 있을 것이 아니라 환경, 기후위기, 양성평등, 성 소수자의 문제, 미래 먹거리의 문제, 성장과 복지의 균형적 병행 전략의 문제, 포스트 코로나 사회에 대한 전망에 이르기까지 새로운 의제들을 선도해나갈 수 있는 것이 7080년대생들이다.

물론 7080년대생들이 눈에 보이지 않는 데는 과거 김대중과 김영삼이 그랬듯이 스스로 치고 나오지 못하는 당사자들의 책임도 있겠지만, 구조적인 요인으로 어쩔 도리가 없는 측면이 더 커 보인다. 다른 목소리를 낼 사람들은 공천에서 배제되어 원내로 들어갈 수도 없고, 중요한 자리를 맡을 기회가 없다. 생각이 다른 사람에 대한 배제와 차별이 정당 내부에서 당연하게 행해지고 있는 것이다.

그러다 보면 같은 생각을 가진 사람들만이 함께하게 된다. 2020년 총선 이후 집권 세력이 보여준 일방통행식 통치로 민심 이반이 확산되었어도 민주당의 7080년대생 정치인 가운데 누구 하나 문제제기를 하고 나선 사람이 없었던 것이 그것을 말해준다. 오히려 민주당 내의 7080년대생들은 민심은 아랑곳하지 않고 강경한 대응으로 행동대원이 되기도 했다.

과거 정당 내부에서 젊은 소장파 의원들이 민심을 우선하며 주류와는 다른 목소리를 내는 용기를 보였던 것과는 정반대의 모습이다. 새로워야 할 세대가 낡은 권력의 우산 속에서 안주하는 것은 시대가 부여한 자신들의 정치적 소명을 포기한 것이다. 그렇다면 그 자리들은 새로운 세대의 새로운 정치에 대한 의지를 가진 다른 사람들에게 넘겨주는 것이 낫다. 이 땅의 젊은 정치인들이여, 586세대의 정치를 마감하고 새로운 정치를 여는 반란자가 되는 것이 어떠하겠는가? 당신들의 건투를 빈다.

관용과 공존의
민주주의를 위해

우리는 민주주의를 할 수 있을까?

오래전에는 다양한 SNS를 했지만, 요즘은 페이스북에만 글을
쓴다. 한때 '트친'이 많았던 트위터는 익명성에 기댄 욕설이 난무
하는 아수라장이 된 지 오래였다. 그래도 페이스북은 자기 얼굴을
드러내니 조곤조곤 글을 써서 올리는 것이 가능했고, 자기와 다른
의견에 대해 싸우자고 달려드는 사람들은 '차단'이라는 수단을 통
해 막을 수도 있었다.

그렇다고 해서 페이스북이라고 어디 청정지역이겠는가? 진영을 대표하는 인기 있는 파워 페부커들이 올린 글을 접하노라면, 정치적 반대편에 서 있는 사람들에 대한 증오와 경멸의 감정이 여과 없이 표현된다. 자기 담벼락에는 무례한 자는 차단한다고 써놓고 자기는 다른 사람들을 향해 인격 모욕과 조롱의 언어들을 쏟아낸다. 적폐, 토착왜구, 친일파, 기레기, 좀비, 일베충 같은 타인을 경멸하는 표현들이 아무런 주저함도 없이 일상적으로 익숙하게 사용된다.

그런 용어들이 문제가 있는 것은 사실에 근거한 것이 아니기 때문이다. 그런 표현들은 사실을 담은 용어가 아니라 정치적 음해의 무기가 된 지 오래다. 그런 글들에 수천 명씩 '좋아요'를 누르며 환호한다. 이러고도 우리가 민주주의를 할 수 있을까? 우리는 민주주의를 할 자격이 있을까?

한 사회에서 서로 다른 생각과 의견에 대해 그렇게까지 적대적인 태도를 취하며 적군 대하듯이 하는 데는 역사의 그늘도 작용했을 것이다. 8·15 해방 이후 분단의 역사 속에서 우리는 좌우의 이념 대결로 점철된 역사를 살아왔다. 이념이 다르다는 이유로 전쟁을 했고, 서로를 죽였고, 그로 인한 증오의 정념은 한국 현대사를 지배해왔다. 더욱이 오랜 독재권력의 시대를 거치면서 독재와 민주의 이분법에 세상을 흑과 백의 논리로 보는 데 익숙해졌다.

그 중간은 허락되지 않았다. 그런 역사를 살아온 우리에게는 서로 다른 이념과 생각에 대한 증오가 정치적 DNA가 되어 머릿속에 박혀버린 것인지도 모른다. 1987년 이후 민주화가 되었지만, 서로가 자신의 생각만을 강요하는 진영 논리가 오히려 시간이 지날수록 기승을 부리는 시대를 우리는 살고 있다.

다양성을 인정하는 것이 민주주의다

서로가 다를 수 있음을 인정하지 않으면, 민주주의를 할 수 없다. 서로의 다름을 인정하지 않는 사람은 민주주의자가 될 수 없다. 한나 아렌트는 『정치의 약속』에서 "정치는 인간의 복수성plurality에 기초한다. 정치학은 서로 다른different 인간들의 공존과 연합을 다룬다"라고 했다. 신은 단수의 인간man을 창조했지만, 지상에는 복수의 인간들men이 만들어졌으니, 사람들은 정치적 삶을 통해 다양한 생각을 소통하고 공존하는 삶을 살자는 것이다.

불안한 사람들은 의견의 혼돈이 두려워 이를 해결할 수 있는 절대적 진리를 구하지만, 갈등과 충돌이 두려워 절대적 진리를 구하는 것은 정치를 떠나는 일임을 아렌트는 지적한다. 아렌트가 해석하기에 플라톤은 다양한 의견을 경멸하고 절대적 척도를 요구했다. 아렌트는 소크라테스를 소환함으로써 서양 역사에서 잊힌 다원성의 전통을 복원하려고 한다. 아렌트가 쓴 『인간의 조건』은 그러한 인간의 다원성에 관한 철학을 이야기한다.

그런 아렌트에게 민주주의는 다양성에서 출발해 다양성을 합리적으로 조정하여 합의를 이끌어내는 제도다. 다양한 사람이 다양한 생각을 갖고 공존하며 살아가는 것이 아렌트가 말한 공동체의 정치적 삶이었다. 그러니 자기와 다른 의견을 배척하고 함께 살아갈 태도가 없는 사람은 민주주의를 하려는 생각이 없는 것이다.

다원적 민주주의가 후퇴했다

그러나 지금 우리는 함께 살아갈 모습을 보여주지 못하고 있다. 이는 자신만이 옳다고 생각해 자신의 생각만을 절대적 진리로 여기는 '정치적 신앙인'이 너무 많아졌기 때문이다. 정치가 종교와 다른 이유는 내가 믿는 하나의 것만이 절대적 진리가 될 수 없다는 것이다. 진리의 문제를 다룬 움베르토 에코의 『장미의 이름』에서 불타버린 교회를 바라보던 수도사 윌리엄은 제자 아드소에게 이렇게 말한다.

"가짜 그리스도는 지나친 믿음에서 나올 수도 있고, 하느님이나 진리에 대한 지나친 사랑에서 나올 수도 있는 것이다. 성자 중에서 이단자가 나오고 선견자 중에서 신들린 무당이 나오듯이. 아드소, 선지자를 두렵게 여겨라. 그리고 진리를 위해서 죽을 수 있는 자를 경계하여라. 진리를 위해 죽을 수 있는 자는 대체로 많은 사람을 저와 함께 죽게 하거나, 때로는 저보다 먼저, 때로는 저 대신 죽게 하는 법이다."

하느님의 진리에 대한 지나친 믿음에 사로잡혀 사람들을 죽어가게 만든 호르헤는 '가짜 그리스도'였다. 윌리엄은 진리를 과신하며 진리를 위해 죽는 자를 경계하라고 말한다. 민주주의도 그런 것이다. 자신이 생각하는 진리에 대한 지나친 믿음 때문에 다른 사람들을 배척하는 자는 결국 민주주의를 죽게 하는 자다. 나와 다른 의견, 그러한 의견들을 가진 사람들과 공존하며 살아갈 마음을 가진 사람들만이 민주주의를 할 수 있다.

그럼에도 촛불 시민혁명을 거치면서 민주주의를 한 단계 높였다고 일컬어진 이 시대에 오히려 그런 공존의 정신이 실종된 것은 아이러니하다. 다른 생각과 공존할 수 있다는 정신이 사라진 것은 민주주의의 후퇴를 의미한다. 어떻게 이런 일이 벌어진 것일까?

최장집 교수는 그 원인을 문재인 정부하에서 국가·정부와 시민운동이 결합하며 사회가 다원주의적으로 발전하지 못한 채 단원주의적 사회가 되어버린 데서 찾는다. 정부의 중심적 지지 집단으로서 시민운동은 지지·혜택을 받고 국가에 흡수되었고, 그 결과는 자율적 시민운동의 소멸로 나타났다. 이는 사회적 다원주의의 취약성과 사회적 공론장의 소멸로 이어진 필연적인 결과라는 것이다.

"'다원주의 없는 시민사회'는 그 정의상 시민사회가 아니다. 이러한 조건에서는 시대와 사회 변화에 대응할 수 있는 이념, 가치, 사상이 창출되기 어렵고, 또한 언론의 자유, 이견, 비판이 허용되기 어렵다. 동시에 사회의 다양한 기능·직능 이익들과 사회적 계층 구조의 차이를 결집하여 대표할 수 있는 정치적 대표의 체계와 아울러 정당 체계를 건강하게 발전시킬 수 있는 토대는 취약해지거나, 소멸된다. 이 속에서 민주주의가 발전하기를 기대하는 것은 난망한 일이다."

팬덤의 광기와 정치의 괴물

자율적 시민운동의 소멸과 함께 또 하나 짚어야 할 원인은 상대를 적으로 간주하는 정치 문화에 기댄 집권 세력의 정파 이기주의적 태도에 관한 것이다. 문재인이 대통령 후보 시절 '친문' 지지자들의 문자 폭탄에 대해 "경쟁을 흥미롭게 만들어주는 양념"이라고 했던 것은 두고두고 전해지는 레토릭rhetoric이 되었다.

그러한 인식에 대한 여론의 비판이 간단하지 않았지만, 그 뒤로 문재인이 이 말을 뒤집는 어떤 이야기를 했다는 것을 한 번도 들은 적이 없다. 문재인을 지지하는 극성 지지자들의 문자 폭탄과 악플이 대통령 재임 기간 내내 논란이 되었어도, 문재인이나 집권 세력이 그에 관한 자제를 요청하는 말을 한 적은 한 번도 없었다. 혹시 즐기고 있는 것은 아닐까 하는 의심이 들 지경이었다.

정반대로 그런 극성 지지자들의 전방위적 공격을 자신들의 정치적 입지를 유지하는 용도로 활용하는 모습을 보였다. 다른 사람들의 비판을 봉쇄하고 오직 하나의 의견만을 강요하는 것은 전체주의적인 발상이다. 그런 광경이 스스로 '촛불 정부'임을 내세운 문재인 정부의 핵심 지지자들에 의해 계속된 사실은 역사의 아이러니다.

청와대 국민청원 게시판에 올라오는 팬덤층의 황당무계한 청원에 대해서도 청와대가 너무도 진지한 답변을 하는 모습도 그런 것이었다. 그렇게 방조하거나 부추겨서 커져버린 강성 지지자들은 이제 집권 세력의 운신의 폭마저 제약하는 짐이 되었다. 그들의 강경한 목소리에 끌려만 다니다가 민심을 잃게 되었으니 말이다.

그들은 민주당 지지자이지만 누구의 말도 듣지 않는다. 자신들의 생각과 다른 언행을 하는 민주당 국회의원은 물론이고 이낙연도 문자 폭탄의 대상이 된다. 모두가 그들의 눈치를 보게 되었다. 미국의 도널드 트럼프가 자신을 지지하는 '큐어넌'을 방조하다가 그들을 괴물로 만들었듯이, 팬덤의 광기를 즐기는 듯한 문재인의 모호한 태도가 '문빠' 집단을 정치의 괴물로 만든 것이다.

민주주의의 길

민주주의는 내가 틀릴 수도 있다는 생각을 가진 사람들에 의해 발전한다. '나는 옳고 너는 틀렸다'는 확신에 사로잡힌 사람들은 민주주의의 부적응자들이다. 대통령이 친문 지지자들이 뿌린 '양념'의 맛을 즐기는 사이에, 민주주의는 뒷걸음질치고 만다.

홍세화는 『쎄느강은 좌우를 나누고 한강은 남북을 가른다』에서 프랑스의 샤를 드골Charles De Gaulle의 일화를 소개하며 똘레랑스에 관한 이야기를 한다. 알제리 독립자금 전달책으로 나선 장 폴 사르트르Jean Paul Sartre의 반역 행위에 대해 법적인 제재를 가해야 한다는 측근들의 주장이 나오자, 드골은 이렇게 간단히 대꾸했다. "그냥 놔 두게. 그도 프랑스야!" 홍세화는 "사르트르가 프랑스에서나 나올 수 있는 사상가, 문필가였다면 드골 역시 프랑스에서나 나올 수 있는 정치 지도자였다"고 평가한다. 마찬가지다. 설혹 어떤 정치적 사안에 대해 우리와 다른 의견을 가졌더라도, '그도 한국'인 것이다.

우리 사회에는 진보적인 사람들도 있고, 보수적인 사람들도 있으며, 어느 한쪽에 고정되지 않은 중도적인 생각을 가진 사람들도 있다. 자기를 진보나 보수라고 말하지만, 막상 그 안에서도 결이 서로 다르다. 열 사람이 있으면 열 가지 생각이 있는 것이 사람들이 사는 세상이다. 그런 사회에서 사람들은 저마다의 이념과 가치에 따라, 직업과 계층과 계급에 따라, 혹은 사회정치적 지위에 따라 자신의 입장을 갖는다. 민주주의를 하는 사회에서 그것은 지극히 자연스러운 일이다. 굳이 그런 차이들을 하나의 것으로 통일시키려는 일은 가능하지도 않고 바람직하지도 않다. 그런데 왜 우리는 자꾸 다른 사람들을 나의 것으로 통일시키지 못해 안달하며 강요하는 것인가?

나에게도 진보가 곧 정의라고 믿었던 시절이 있었다. 그러니 보수는 정의롭지 않음을 의미한다고 믿었다. 그 시절에는 핍박받으며 진보를 말하던 선각자들에 대한 부채의식을 가졌던 사람도 많았다. 하지만 세상에는 영원한 선도, 영원한 악도 없음을 지난 세월은 우리에게 가르쳐주었다. 사람이란 환경과 시간 속에서 언제나 변하는 존재다. 그래서 진보도 기득권이 되기도 하고, 진보가 갖지 못한 현실의 통찰을 보수가 보여주기도 한다. 진영 논리를 내려놓고 오직 사실에 따라 시시비비를 가리는 중간 지대의 태도가 차라리 정직해 보이기도 한다. 우리는 어차피 같은 하늘 아래에서 살아가야 할 존재들이다. 누가 누구를 박멸하는 혁명의 시대는 지나갔다. 그렇다면 공존하는 것 말고 다른 길은 없다.

그러나 극단과 광기가 난무하는 시대에 똘레랑스와 공존의 길을 말하는 것은 쉽지 않다. 내 주위의 많은 사람이 그 극단의 어느 한쪽에 서 있는 현실에서는 더욱 그러하다. 자칫 극단과 극단의 사이에서 양쪽의 돌팔매질을 당할 수도 있다. 하지만 그 부당한 현실에 침묵하는 사람이 많을수록 민주주의는 뒤로 갈 것이며, 발언하는 사람이 많아질수록 민주주의는 다시 앞으로 갈 수 있을 것이다.

2016년 겨울, 민주주의를 위해 촛불을 들었거나 응원했던 사람들이라면 다시 한번 민주주의를 위해 입을 열어야 한다. 자신들이 신봉하는 진리를 지키겠다고 다른 사람들에게 돌팔매질을 하는 사람들에게, '그것은 민주주의를 파괴하는 일'이라고 당당하게 말하는 사람이 많아져야 민주주의는 다시 제 모습을 찾을 수 있다. 자기와 생각이 다르다는 이유로 입을 막으려는 사람이 이곳저곳을 휘젓고 다니는 세상에 민주주의는 없다.

합리적인 인간이
이길 수 있을까?

    나는 이 책을 통해 극단과 분열의 정치시대에 한국 사회가 산산 조각 나고 개인들의 심성조차 파괴되고 있음을 우려했다. 또한 패싸움하듯 몰려다니며 증오의 정념을 확대 재생산하는 진영의 정치를 개탄했다. 하지만 이 상황을 넘어서는 일은 정치인들이 할 수 있는 일은 아니다. 눈앞의 정파적 이익과 그것을 지키기 위한 진영의 승리에 골몰할 수밖에 없는 당사자들은 그것을 해내지 못한다는 것을 우리는 지켜보았다. 그것은 진영이 아니라 상식과 이성의 인도를 따를 각오를 가진 우리 시민들의 몫이다.

조지프 히스Joseph Heath는 『계몽주의 2.0』에서 '가슴'보다 '머리'가 더 많이 관여하는 정치를 말했다. 그는 "민주주의 사회에서는 '다수가 믿는 것이 무엇이냐'가 '실제로 사실인 것이 무엇이냐'보다 중요하다. 그래서 이제 많은 정치인들이 (자신들의 말을) 진실처럼 들리게 하려는 노력조차 내던져버렸다"고 지적한다.

오늘날의 정치는 이념이나 철학, 토론이 아닌 엄청난 속도와 과잉 정보, 감정과 정념에 호소하는 메시지로 이루어지고 있으며, 가짜 뉴스나 조작된 정보에 의존하는 정치적 선택을 하게 된다. 그래서 현재의 정치는 보수와 진보가 아닌 비정상적인 것과 정상적인 것으로 양분되었고 비정상적인 것이 우위를 차지했다. 유권자의 감정에 호소해 선거에서 이기는 현실에서 합리적인 사고의 자리는 없다. 그래서 조지프 히스가 비정상적인 정치에서 벗어나기 위해 강조하는 것이 '합리성의 정치'다.

우리가 지켜보고 있는 현실은 과연 정상적인 것인가? 광신적인 팬덤 정치가 낳고 있는 온갖 비이성적인 형태는 누구의 통제도 받지 않고 시대의 이성을 욕보이고 있다. 오늘 한국 정치에서는 사실에 근거한 이성적 토론보다는 감정과 정념의 언어들이 지배하는 상황이 갈수록 심해지고 있다.

감정과 정념의 정치는 숭고한 대의로 무장할수록 극단으로 치닫게 되어 있다. 거기에는 나만이 옳다는, 그리고 너는 모두 틀렸다는 불변의 신념이 자리하고 있기 때문이다. 그런 신념 속에서는 내가 틀렸을 수도 있다는 생각은 존재하지 않는다. 역사 속에서 있었던 거의 모든 혁명이 결국은 실패로 귀결되었던 이유도 거기에 있다. 이러한 극단적인 태도는 보수와 진보를 불문하고 공히 나타나는 현상이다. 오늘도 수많은 사람이 그 극단의 진영 속으로 빨려 들어가는 광경을 보면서 이런 물음을 갖게 된다. 우리가 사는 세상에서 과연 합리적인 인간이 이길 수 있는가?

제2차 세계대전 후 프랑스에서 지식인 숙청을 주장했던 카뮈는 막상 숙청이 진행되는 과정을 지켜보며 '증오의 숙청'을 우려했다. 카뮈는 "가해자들의 증오에 희생자들의 증오가 화답했다"며, 가해자들이 떠난 프랑스에서 피해자들이 증오에 중독된 마음을 치유해야 한다며 이렇게 말했다.

"내일 우리가 적에게서 거두어야 하는 가장 어려운 승리는 바로 그 증오의 욕구를 정의에 대한 갈망으로 바꾸어놓을 보다 고귀한 노력을 통하여 우리의 내면에서 이루어지지 않으면 안 된다. 증오에 굴복하지 않는 것, 그 어떤 것에도 폭력을 허용하지 않는 것, 우리의 마음속에 일어나는 정념이 맹목적이 되는 것을 용인하지 않는 것, 바로 이것이 아직도 우리가 프랑스의 우정을 위해서, 히틀러주의에 맞서서 할 수 있는 일이다." (「지성의 옹호」, 1945년 3월 15일 연설)

무자비한 숙청 속에서 카뮈가 강조했던 것은 "우리가 지성을 간직해야 한다는 것"이었다. 합리적이고 이성적인 인간이 현실에서 패배할 수밖에 없었기에, 종종 우리는 비극적 서사의 주인공이 되고 만다. 그렇다고 이렇게까지 될 줄 누가 알았겠냐는 독백만으로는 아무것도 달라지지 않는다. 비극은 어찌할 수 없는 운명이 아니다. 우리는 입을 열어야 한다. 반지성주의를 선동하는 진영의 수호자들에 맞서 합리와 이성의 목소리로 당당하게 외쳐야 한다.

리처드 호프스태터Richard Hofstadter는 『미국의 반지성주의』에서 이렇게 말했다. "우리는 가능한 한 지성에 의한 수술이라고 할 만한 끈질기고 섬세한 방법으로 선의의 충동에 기생하는 반지성주의를 잘라내야 한다."

집단적 광기 앞에서 인간들의 합리와 이성이 패배하는 사회는 희망을 가질 수 없는 세상이다. 내가 살아가는 이 사회가 그런 곳이 되지 않도록, 이 책이 그 길에 조그마한 위로와 힘이 되기를 소망한다. 세상이 번번이 우리를 배신해도, 지치지 말고 함께 힘을 낼 일이다. 스페인의 화가 프란시스코 고야Francisco Goya가 18세기 스페인 사회의 광기를 발견하고 제작한 판화에는 "이성이 잠들면 괴물이 깨어난다"는 말이 적혀 있다. 이제는 우리의 이성이 깨어나 사방에 존재하는 괴물들을 쫓아내야 할 때다. 결국 우리 시민들의 몫이다.

참고문헌

강준만, 『싸가지 없는 정치』, 인물과사상사, 2020년.

고세훈, 『조지 오웰』, 한길사, 2012년.

김규남, 「포스트 86세대, 86세대를 뛰어넘나」, 『한겨레21』, 2020년 12월 14일.

댄 애리얼리, 장석훈 옮김, 『상식 밖의 경제학』, 청림출판, 2018년.

러셀 커크, 이재학 옮김, 『보수의 정신』, 지식노마드, 2018년.

로랑 베그, 이세진 옮김, 『도덕적인 인간은 왜 나쁜 사회를 만드는가』, 부키,
2013년.

루이스 A. 코저, 박재환 옮김, 『갈등의 사회적 기능』, 한길사, 1980년.

리 매킨타이어, 김재경 옮김, 『포스트 트루스』, 두리반, 2019년.

리처드 호프스태터, 유강은 옮김, 『미국의 반지성주의』, 교유서가, 2017년.

막스 베버, 최장집 엮음, 박상훈 옮김, 『소명으로서의 정치』, 폴리테이아, 2011년.

몽테뉴, 손우성 옮김, 『몽테뉴 수상록』, 동서문화사, 2007년.

미셸 푸코, 오트르망·심세광·전혜리 옮김, 『비판이란 무엇인가? 자기수양』, 동녘,
2016년.

볼테르, 송기형·임미경 옮김, 『관용론』, 한길사, 2016년.

빅토르 위고, 정기수 옮김, 『파리의 노트르담』(전2권), 민음사, 2005년.

샐리 콘, 장선하 옮김, 『왜 반대편을 증오하는가』, 에포케, 2020년.

슈테판 츠바이크, 안인희 옮김, 『다른 의견을 가질 권리』, 바오, 2009년.

스탕달, 이규식 옮김, 『적과 흑』(전2권), 문학동네, 2009년.

스티븐 레비츠키·대니얼 지블랫, 박세연 옮김, 『어떻게 민주주의는 무너지는가』,
어크로스, 2018년.

아리스토텔레스, 김재홍 옮김, 『정치학』, 길, 2017년.

야야 헤롭스트, 이노은 옮김, 『피해의식의 심리학』, 양문, 2005년.

에마뉘엘 피에라 외, 권지현 옮김, 『검열에 관한 검은 책』, 알마, 2012년.

에리히 프롬, 황문수 옮김, 『인간의 마음』, 문예출판사, 2002년.

에이미 추아, 김승진 옮김,『정치적 부족주의』, 부키, 2020년.

요한 볼프강 폰 괴테, 정서웅 옮김,『파우스트』(전2권), 민음사, 2009년.

움베르토 에코, 이세욱 옮김,『프라하의 묘지』(전2권), 열린책들, 2013년.

─────, 이윤기 옮김,『장미의 이름』(전2권), 열린책들, 2008년.

유시민,『어떻게 살 것인가』, 생각의길, 2013년.

이마누엘 칸트, 이한구 옮김,『칸트의 역사 철학』, 서광사, 2009년.

이철승,『불평등의 세대』, 문학과지성사, 2019년.

조너선 하이트, 왕수민 옮김,『바른 마음』, 웅진지식하우스, 2014년.

조지 레이코프, 나익주 옮김,『프레임 전쟁』, 창비, 2007년.

조지프 히스, 김승진 옮김,『계몽주의 2.0』, 이마, 2017년.

존 스튜어트 밀, 서병훈 옮김,『자유론』, 책세상, 2018년.

존 킨, 양현수 옮김,『민주주의의 삶과 죽음』, 교양인, 2017년.

최인훈,『회색인』, 문학과지성사, 2008년.

최장집,「다시 한국 민주주의를 생각한다: 위기와 대안」,『한국정치연구』, 29권
      2호, 서울대학교 한국정치연구소, 2020년.

캐스 선스타인, 이시은 옮김,『누가 진실을 말하는가』, 21세기북스, 2015년.

테거, 허유영 옮김,『대중은 왜 음모론에 끌리는가』, 미래의창, 2015년.

토니 주트, 김상우 옮김,『지식인의 책임』, 오월의봄, 2012년.

파커 J. 파머, 김찬호 옮김,『비통한 자들을 위한 정치학』, 글항아리, 2012년.

폴 존슨, 윤철희 옮김,『지식인의 두 얼굴』, 을유문화사, 2020년.

프리드리히 니체, 김정현 옮김,『선악의 저편, 도덕의 계보』, 책세상, 2002년.

─────, 정동호 옮김,『차라투스트라는 이렇게 말했다』, 책세상, 2000년.

프리모 레비, 심하은 옮김,『고통에 반대하며』, 북인더갭, 2016년.

플라톤, 강철웅 옮김,『향연』, 이제이북스, 2014년.

───, 김태경 옮김,『정치가』, 한길사, 2000년.

───, 박종현 옮김,『국가 정체』, 서광사, 2006년.

하워드 J. 로스, 박미경 옮김,『우리 뇌는 왜 늘 삐딱할까?』, 탐나는책, 2018년.

한나 아렌트, 김선욱 옮김,『예루살렘의 아이히만』, 한길사, 2006년.

─────, 김선욱 옮김,『정치의 약속』, 푸른숲, 2007년.

─────, 이진우·태정호 옮김,『인간의 조건』, 한길사, 2002년.

홍세화,『쎄느강은 좌우를 나누고 한강은 남북을 가른다』, 한겨레출판, 2008년.

나는 옳고
너는 틀렸다

ⓒ 유창선, 2021

초판 1쇄 2021년 3월 15일 찍음
초판 1쇄 2021년 3월 19일 펴냄

지은이 | 유창선
펴낸이 | 강준우
기획·편집 | 박상문
디자인 | 최진영
마케팅 | 이태준
관리 | 최수향
인쇄·제본 | 제일프린테크

펴낸곳 | 인물과사상사
출판등록 | 제17-204호 1998년 3월 11일

주소 | (04037) 서울시 마포구 양화로7길 6-16 서교제일빌딩 3층
전화 | 02-325-6364
팩스 | 02-474-1413

www.inmul.co.kr | insa@inmul.co.kr

ISBN 978-89-5906-597-4 03300

값 16,000원